香无 著

目击者

eyewitness

文汇出版社

图书在版编目（CIP）数据

目击者 / 香无著 . -- 上海：文汇出版社，2019.11
ISBN 978-7-5496-3030-1

Ⅰ.①目… Ⅱ.①香… Ⅲ.①长篇小说－中国－当代
Ⅳ.① I247.5

中国版本图书馆 CIP 数据核字 (2019) 第 246193 号

目击者

著　　者 / 香　无
责任编辑 / 徐曙蕾
装帧设计 / 人马艺术设计·储平
策划监制 / 牧神文化
特约编辑 / 王辉城　林盛威

出版发行 / 文匯出版社
　　　　　上海市威海路 755 号
　　　　　（邮政编码 200041）
印刷装订 / 上海盛通时代印刷有限公司
版　　次 / 2019 年 11 月第 1 版
印　　次 / 2019 年 11 月第 1 次印刷
开　　本 / 890×1240　1/32
字　　数 / 150 千字
印　　张 / 9

ISBN 978-7-5496-3030-1
定　　价 / 45.00 元

CONTENTS

目 录

罪人 /1

目击者 /44

画中人 /81

往生刑 /113

眸色 /154

囚徒 /217

情人 /250

罪人

起　爱之绊

当我赶到医院时，黄怡然已经不行了。原本就单薄的身子如今更显得无力，整个人像失了所有颜色一样变得苍白。

医生说她中了七刀，和她的父亲一样。不同的是只有最后一刀才扎在了致命的地方。而她竟然还拼着最后一口气，给我打了告别的电话。

我握着她垂在床单外的手，医生们推着她的病床急匆匆地往急救室里赶，头顶的白炽灯亮得我眼花。她已经有些神志模糊了，却还努力看着我的方向，瞳孔扩散，无法聚焦。

她的手很凉，那是曾经舞动于花瓣中的手，是我无数次碰触过的手，是我千百次凝视过的手，可今天这一切就要消失了。

我一直陪着她跑到了急救室门口，医生狠命拦住了我，她的手指从我手里滑落。我分明看见她的嘴一张一合在对我说话，急忙拉住了病床，俯下身，跪在她旁边。她拼命喘息着，像要耗尽生命一样对我开口："还记得那个故事吗？"

这是她留在这个世界上的最后一句话，就是这句话，让我之后每每想起，都心如刀绞。

2·目击者

一　雾中谜

清早刚一到队,我就被队长连拖带拽地弄上了车,手忙脚乱地整理着必备的资料、随身的小本、在学校里被千叮咛万嘱咐要记得带上的手套,还有证物袋。老王把车开得飞快,警笛声啊呜啊呜地鸣响而过,这座城市还在浓厚的湿雾里沉睡着。

"景阳区,死者是男性,被人发现时已经断了气。喏,这是现阶段收集到的资料。"

队长简单给我说了下报案人提供的线索后,递给我个蓝皮的本子。我的睡意瞬间被这个消息赶跑了。

队长比我大二十来岁,是队里资历最老、经验最丰富、破案数量也最多的刑警。他本来就是科班出身,在学校的成绩一直被教官们津津乐道、标榜至今,后来一毕业就进了刑警队,干得风生水起。只要提起他的名字,据说就会令辖区内的罪犯们闻风丧胆。他有一个老婆和一对现在上大学的双胞胎儿子,家庭幸福美满。

"听说你又拒了上面来的调令?"

老王开着车,对后视镜里的队长发问。队长"嗯"了声,皱着眉一直盯着窗外,像是对这个话题没什么兴趣。我一来这个地方就听说了,其实队长早年跟别人炒股投过资,后来赔大了,被降了职,才到了我们这一片。后来因为考绩高,上面跟他提过好几次,可以升迁离开,但不知为什么,队长却一直拒绝此类的人事调动,坚持留守在我们这个片区。

"队长在这个片区多少年了?"

"十二。"他漫不经心地回了我一句。

老王吹了个口哨,笑起来。

"要是我像你这么能干,早拍拍屁股走了,何苦还跟这些小年轻天天东奔西走地查案子。"

"嗯……习惯了吧,你让我去做别的事我也做不来。"

队长耸耸肩,没说更多的话。我和队长不一样。我刚从警校毕业,能分配到这个地方,一是因为自己的成绩,二也靠了点老师的人脉。绝不是因为从小就抱有什么拯救世界的梦想,而是我觉得除了身体健壮外,自己一无是处,所以不得已才进了刑警队。好歹是公务员行列,不用担心失业的问题,等到了年纪就自动退休,清清闲闲地过一辈子。可我怎么也没想到的是,在走马上任的第一天,就遇到了杀人案。

景阳区离我们警局只有半小时的车程,因为还是清晨,堵车的盛况还没开始,所以到的比预计时间更早了些。现场已经被先去的同事们用黄色警戒线围了起来。队长带着我跨过警戒线进去,看见地上趴着个男人的尸体,身下的血迹已经干涸了,衣服被撕得破破烂烂的,脸侧贴在地面上,双目圆睁,他的手指弯曲着朝前方伸出,肌肉随着时间的推移变得十分僵硬。

尽管在学校里已经见过多次这样的模拟场景,可当真正面对死人时,我还是止不住一阵头晕目眩,盯着那具尸体半天挪不开视线,双腿一个劲地打着颤。如果不是身后还有同事,我可能已经跌坐到了地上。

好在队长并没责怪我的失态,准确地说,他根本没把注意力放在我身上。他长久地伫立在尸体跟前,皱着眉,脸色有些微微发白。过了会儿,他似乎瞥到我,嘴角不自然地动了动,这才回过神,走

4·目击者

到尸体跟前蹲下来,取出手帕捂着鼻子,另一只戴着手套的手熟练地轻轻翻弄了下尸体,似乎想从口袋里找出点新的线索。此时,身后传来法医的呼喊声,他抬起头赶紧离开了尸体,举起手连连说着抱歉。仔细听完法医的描述后,老王吩咐我去找现场的人打听打听死者的事情。

我用最快的速度离开了那具散发着腐败气味的尸体,并不是害怕尸体本身,只是不愿去接触某些即将查清的事实。

围观的人大多上了年纪。他们清晨赶早出去买菜锻炼,可没想到一回来就看见了这么不得了的事情。我掏出纸笔询问了几个还围在那里的老人。

据他们说,死者姓黄,就住在附近的居民楼里,家里还有个上高中的女儿。我敏锐地发现,没有任何人对他的死表示痛心,有的甚至还流露出一丝幸灾乐祸的神情。

在调查中,我发现了一个似乎知道不少事情的老太太。可不管我怎么询问,她一直言语支吾,不肯跟我说实话,等被我问急了,拎着菜篮子转身就走,边走边对我挥手,像赶苍蝇似的。

"有什么好问的,这种人死了就死了,真是!"

我不死心,一直跟着她追到了巷口。她终于停下来,看着周围没人,叹了口气,摇摇头,有些不满地瞪着我。

"那家伙根本就不是人,我说你们有什么好查的。"

我愣了愣,赶紧抓着她继续深究下去。

"能说说具体的吗?为什么说他不是人?"

"这男人的秉性我比谁都清楚,我就住在他家楼下,一喝醉酒了就那声音——哎哟。"

老太太的头摇得更厉害,一口接着一口地叹着气。我微微感到有些失望,在本子上写了"邻里矛盾"几个字后,又接着追问下去。

"那您知道谁有可能杀了他吗？比如仇人什么的。"

"仇人？"老太太冷笑一声，"他这种人周围全是仇人。"

"什么意思？"

"这男人嗜酒如命，天天出去鬼混，喝了酒回来就闹得整个大院鸡犬不宁。原来有老婆的时候就打老婆，那么粗的条凳都被他给打断了。最可怜的就是他女儿，经常被他打得满院跑。原来他老婆还在的时候情况稍微好点，至少有个人能护着。等他老婆失踪之后，这家伙就变本加厉了。大冬天的也不给他女儿厚衣服穿，还赶着她出来买酒。动作稍微慢一点就又叫又骂的。经常不给学费，整天把女儿关在家里面不让出去。我们这些街坊邻居看着那姑娘可怜，偷偷给她送点吃的，被发现了，她又会挨一顿毒打。就前几天，那姑娘的手臂上又多了块疤。"老太太又叹了口气，使劲地摇着头，"这种人死了才好，活着就是造孽。"

我将听到的悉数记下来，老太太探头看着我的本子，又补充了几句："你们这些警察，也别费那么大劲去查明犯人。要我说，这种人死了就死了，活该！"

"老太太，这不行，我们是警察。"

我本还想说什么，可那老太太似乎不想再说下去，转身蹒跚离开了。我在本子上把听到的事情全写了下来，回到现场将调查结果报告给了队长。尸体已经被运走了，地上突兀地用白笔画了个轮廓。队长擦着手，告诉我："死者一共被人砍了七刀，初步死因是失血过多。"

到底是什么样的人才会有那么深的仇恨呢？我的脑子里不由自主又浮现出了老太太说的话，便向队长申请去询问死者的女儿。按照规定，我不应该一个人独自前往。可队长认为这是个锻炼的好机会，便命令我一个人解决证词问题。接着，队长盯着我看了很久，忽然没头没脑地吐出一句话:"别牵扯太深。"

回到家后,我一直想着队长这句话的意思:他是让我不要对这个案子牵扯太深呢,还是别的什么?

二　花溅泪

第二天我在去见女孩之前,买了束白色的菊花带着。我自以为是地觉得就算父女俩感情再差,应该还是血浓于水。

可在我见到女孩的第一眼,就知道自己错了,因为她的脸上根本没有流露出半分伤感。

他们的房子隐藏在整个居民区最后,背阳,位置很差,冬天潮湿、夏天蚊虫肆虐,所以价格也是最便宜的。

他们住在六楼,隔壁是间空房子。

我敲了几声门,过了会儿,里面传来声很轻声的回应。我按照程序,将证件放在猫眼上,等那女孩检验。可没想到,她连问是谁的兴趣都没有,"哗啦"一下把门拉开,扑鼻而来的是门内那股浓郁的酒精味。受害者的女儿就站在我面前,穿着白色的背心和一双淡黄的拖鞋,直勾勾地盯着我,面无表情。

"请问是黄书明家吗?"

我和她对视了半晌,忽然想起自己来的目的,赶紧开口打破了僵局。她点点头,侧身让我进去。

房间里很空,地上散落着废旧报纸和空酒瓶,似乎全被一种衰败的颜色围绕着,充斥着颓废的气息。

女孩让我坐在椅子上,不知从哪里摸出个老旧的搪瓷杯子,给我倒了杯水，紧接着，她随意地抓过一边的小木凳，坐在了我的面前。

我四处打量了下，这个屋子藏不了任何秘密。

"请问，你就是黄书明女儿？"

"是。"

那是我第一次听见黄怡然的声音。她的声音很细小，和她文文弱弱的外形很搭。海藻似的长发垂到了腰间，没有任何造型，显得有些蓬松，泛出病态的干枯的黄色。

她的脸很白，小小的，下巴很尖，嘴唇很薄，上下两片抿在一起，失了血色——也可能从一开始就没有。她的手腕细得像根筷子，我悄悄比了下，感觉自己可以轻而易举将它们折断。大夏天的，她还穿得比较厚，长衣长袖，加上一双白色的棉袜。

"你父亲的事情——我很抱歉，请节哀顺变。"

"没什么，死了就死了呗。"她顿了顿，"反正我没钱烧他，如果你们警察不弄，就随便丢给医院当教学道具好了。"

我被她话中的冷漠给骇住，一时不知如何反应，嗓子烧得慌，只能不断地喝着已经变凉的白水。长久的沉默在我们之间蔓延，仿佛一只无形的手掐住了我的脖子。她用一种极度怀疑的眼神打量着我，也许还混合着一丝嘲笑。可就在她瞥见我放在一边的花时，眼睛忽然亮了。

"这花，给我的？"

她身体前倾，手指轻轻在花瓣上抚摸了下，又很快缩回去。

"啊，是。"

我有些恼怒被她牵制的感觉，赶紧把花递了过去。她起初不接，只是很小心地埋下头，在花束里深深地闻了闻，用一种几不可闻的声音开口："真香，我们家很久没有这种味道了。"

紧接着,她的嘴角露出了个淡淡的微笑,可惜一瞬即逝。我的手一直停在半空,她抬起眼盯着我,跟我用眼神再三确定,这才带着莫名的欣喜表情,将花接了过去,拿在手中。我盯着她长时间留恋在花瓣上的纤细手指,继续自己的问题。

"我有些问题想要问你,是关于你爸爸的。"

"你问吧。"

她对我的问题毫无兴趣,仿佛注意力都放在了那束花上,时不时低头去嗅一下花香,再带着满足的神色抬起脸。

可她的眼神一直是冰凉的。

"你的姓名?"

"黄怡然。"

"年龄?"

"十七岁。"

"家里除了你和你父亲,还有什么人?"

"原来有个妈妈,后来就没了。"

"我听人说是失踪了?"

"不,被那个人杀掉了。"

我一顿,笔尖在纸张上戳出个不小的墨点。我抬起头看着她,她的面容依旧安静,甚至可以说是麻木。她微笑着用指尖挑逗花瓣,微微歪着头。没有刻意修剪的刘海,几缕杂乱的头发随意散落在她的肩膀上,仿佛对刚才的这些对话不屑一顾。

"是……哪个人?"

刚问出这个问题,我就后悔了。因为黄怡然终于把头抬了起来,直勾勾地看了我半晌。那些因为花瓣才好不容易浮现出来的笑容被她很快收藏起来。紧接着,她用一种近似嘲讽的语调"哼"了声,嘴角一翘,咬着牙吐出一个名字:"黄书明。"

我的笔尖抖了抖,在纸上落下个难看的墨点。她一停,那副状若平静的面容下隐藏着某种暗涌。我发现她的手指紧紧握住了花束。过了会儿,她绷紧的脸忽然一松,露出个神秘的笑容对我开口:"说不定啊,那尸体就被那人藏在这个家的某个地方呐。"

那天我没有问出太多有用的东西,就落荒而逃地离开了。我知道世界上存在着无数凶杀、仇恨、人与人之间难言的龌龊和愤懑,我甚至比一般的人了解得更深。但我不知道究竟是怎样的环境才会造就出黄怡然这样的女孩,可以一边欣赏那束平淡无奇的小花,一边带着冷漠的表情坐在警察面前,面不改色地告诉对方:自己刚被人谋杀了的父亲,在许多年前谋杀了自己的亲生母亲。

我将查案一事原原本本地告诉了队长,同时申请退出这个案件。见过黄怡然之后,我心里一直有个声音隐隐作响,吵得整个大脑在闷闷地发痛。

就在我陈述的过程中,队长一直一言不发地看着报纸,可我知道他在用心听我说话,因为他的视线长久地停留在某一个区间,没有挪动半点。一直等我说完了,他才放下报纸喝了口茶,丢出一个新命令:"明天继续。还有,那些陈芝麻烂谷子的事情你先给我放在一边,先把眼下的事情做好。"

"您的意思是不查死者妻子的事了?"

"这么多的案子,如果不一件件来做,你怎么能确保这不会成为另一个悬案?"

我愣在原地看着他,他换了条腿搭着,推了推滑下鼻梁的眼镜,撩起眼瞥着我。

"记住自己是做什么工作的,这种事情以后多得是。等你把眼下这个案子破了,再想别的事情。"

言外之意，我不做还有大把人等着替补上位。我无力跟他辩驳什么。队长对于我而言，一直像是个老师。也许是出于对前辈的敬畏，我没有回应，只是立正对队长敬了个礼，转身准备离开。可就在那时，他忽然又叫住了我，丢给我一张照片，是当时拍的尸体的照片。

"看看，觉得有什么问题？"

我将照片翻来覆去看了好几次，摇摇头。尸体的姿势、证物的摆放，甚至连那天早上稀薄的阳光的角度都没有任何不妥的地方。

"报告，我没有发现问题。"

队长从眼镜的上半部分盯着我看了会儿，摇摇头，对我挥挥手。

"拿回去再好好研究研究。"

他并没有提示我的打算。我苦恼地回了家，把事情记录下来，将照片贴在分析用的白板上，倒头睡在床上。

黄怡然那双空洞的眼睛一直浮现在我脑海里，等我闭上眼睛仔细回想时才发现：她其实是个很美的姑娘。

三　心成灰

第二天，我故意等到放学的时间才硬着头皮再次去了黄家。原本计划着还要在门口蹲一会儿，黄怡然才回来，可没想到我刚上楼，门就自动开了，黄怡然木然地站在屋内盯着我。

"我刚才从窗户上看到你了。"

"你逃课？"

"我被退学了。"

"为什么？"

"没钱交学费。"

她像说着别人的事情，侧开身，放我进了屋。我发现这个女孩永远有让我错愕不及的能力。

"我想跟你谈谈你父亲，还有你昨天说的事情。"

她点点头，照例给我端来一杯水。我的手指不小心碰到了她的手，很凉。她却像被火灼了似的，惊吓地往后退了一步。而后，她似乎发现了自己的失态，尴尬地低下脸，避开我的眼睛，仿佛用了很大力气才抑止住尖叫的欲望，兀自坐在一边的小凳上。

"我没亲眼看到他杀我妈，反正有一天我回来的时候，我妈已经不见了。他说我妈永远不会回来了。从那时候起，我就知道妈妈死了。"

"你怎么能确定？"

"我当然确定。他说要杀我妈和我，说了不止一次。我妈被他打得全身没一个好地方，估计那天就是手重点，敲在了头上之类的地方。"

"那就是说，你没见着你母亲的尸体？"

"我说了我妈一定死了！你是不是不信我？"

她忽然有些激动，站起身，气呼呼地瞪着我。

"你不信就算了，反正——"她猛地一顿，像是想起什么一样，脸上露出个自嘲的微笑，"反正你们警察都是一个样子。"

我被她的反应刺激了下，咬咬牙，示意她坐回去。

"我不是不信你，我只是想问清楚。那时候你多大？"

"小学。"

"小学——"我心里有些难受，不由自主地说了句废话，"你一定很想念她？"

"是挺想的，她在的时候那家伙主要打她，她不见了就开始打我了。"

她的表情又重回木然。夕阳照进窗户，几缕光线似乎无力地在她身后摇曳。她的脸一直背光，我看不清楚她的样子，可她的声音迫使我相信，她的内心就是这样想的。我用很大的定力强迫自己不被她的话干扰，继续问下去。

"跟我说说你的父亲，你知道他有什么仇家之类的吗？比如钱或者——"我斟酌了下字句，"感情方面的。"

"有，他外面有女人，那些女人一出现，就会打我，她们骂我是拖油瓶。"

她用一种和年龄不相符的语调陈述着这个事实，双手放在膝盖上，轻轻绞在一起。房间里的酒精味淡了些，地上还是凌乱地堆积着杂物。她安静地坐着，等着我的下一个问题。我忽然觉得，也许在很久以前，这个女孩的灵魂就已经死了。

"你知道她们的名字吗？"

"不知道，反正都是他随便找的，陪他玩两天，骗走他的钱就开溜，谁会真的想留在他身边？"她自嘲地笑了笑，"谁会和那个女人一样那么傻，还给他生孩子。"

"你说……你的母亲？"

"如果她当初不生下我就好了。"黄怡然幽幽地说道。我浑身一个激灵，透心的凉意从脚底侵袭了心脏。

"你知道——"我斟酌字句，"父亲"这样的词似乎并不适合出现在这样的场景里，"死者最近有没有和人发生过争执？"

黄怡然歪了歪头，盯着我。

"为什么要换称呼？"

"只是觉得——不大合适。"

"不大——合适吗？不大合适……不大合适……"

她的眉心动了动，接着整张脸像是舒展开了一样。她点点头，嘴里喃喃地重复着我的话，忽然扑哧一声笑起来。我讶然地看着她，她瘪瘪嘴，耸了下肩。

"是不大合适。他最大的仇家，最近跟他发生过争执的人就是我啊，你会不知道吗？"她说着，撩起袖子，光洁的手臂上触目惊心地布着些新旧参差的伤痕，和那天那位老太太告诉我的一模一样。

"这几条，上礼拜打的；这些，小时候拿火钳烫的；这些，上次被他用板凳砸的；还有这个——"她顿了顿，指着最新的一条，"这条是他死前那天晚上打出来的。"

我打了个冷颤。那些伤口，我只是用看，就觉得痛到骨头里，更何况是她这样纤细的人儿。黄怡然放下袖子，站起身，背对着我，撩起上衣，毫无保留地将后背裸露在我面前。我来不及制止，就被她背上那些伤痕吓傻了眼。

那些纵横交错的丑陋印记，盘亘在她的背上就好像一条条蛇，吐着红红的信子一直蜿蜒朝上，直到扼住她的喉咙。我的脑海里响起了某种声音，又仿佛有人在我的体内点了一把火，火苗轻佻地舔舐着我的心脏。我捏紧了拳头，每一口呼出的气息都带着灼人的温度。而她在我面前一直安静着，冰冷的气息四散而开，浇灭我的愤怒。

当时我怔了良久，她也不动。夕阳已消失无踪，屋外似乎开始下雨，可当我抬起头去看时，才发现那不过是风打在玻璃上撞击出的声音。黄怡然轻微的呼吸声充斥在整个房间，我似乎能幻听到她被那个男人折磨时从喉咙里发出的悲鸣。

裹在单薄的衣服里，蜷缩在黑洞洞的屋子正中。男人举起手里的东西，用被酒精染红变色的双眼瞪着她，嘴里喃喃吐出粗话，紧接着用力往她身上抽去。

而她可以做的，除了抱着头颅使劲将自己藏进阴影里，又能做什么呢？那种时候，连哭泣都是多余的吧。

我无法想象，这样一个女孩是如何在阳光灿烂的午后，一个人躲在这样的黑房子里，用那双眼睛接受这个似乎永不见天日的世界的。那些身体上的伤口，总会无比清晰地提醒她到底发生过什么事情。

在她身上，发生过最肮脏的事情，让她觉得自己的存在就是一种错误。我听见自己嗓子里"咕嘟"的吞咽声音。我的手指很僵硬，就像那天的男人一样，放在身体边，仿佛已经不是自己的了。

我走过去，小心翼翼地把她的衣服拉下来，尽量不去碰到她的身体。她对人有一种本能的畏惧和厌恶。尤其是我这种，对她而言拥有绝对力量悬殊和控制力的男人。等她重新穿好了衣服，我又后退了一步。黄怡然回头看着我，长发直直地散落在背上，像茧子一样包裹住了她的身体。她的眸子里流转着一种我不理解也永远不想去理解的情绪。

"所以啊，你是不是觉得是我杀了那个男人，所以才一直追问我？"

她对我展露出一个笑容。

冰冷的，嘲讽的，悲切的。

黄怡然的笑容和其他同龄的女孩不一样。她笑的时候身体颤抖得最厉害，手不自觉地抓着自己的胳膊，狠狠用力，掐得胳膊都没了血色。

我无言地盯着她。她说得对，从一开始我就在怀疑她，而理由却幼稚得让现在的自己想哭。我当时只是将看过的无数电视剧和书本里的情节套用在她身上，并告诉自己，我即将因为这起案件成为远近闻名的警探。而在第一次和她接触后，这种怀疑就愈发强烈，今天得知的隐情让怀疑更加坚定。可现在我觉得就算人是她杀的，也没什么大不了。就好像那个老太太说的一样，死了就死了，活着也是造孽。尽管这个念头只在我脑子里闪现了一秒钟，却足以让我浑身如遭雷击一般。

"我没杀他，那天我去学校办退学的事情了。不过我倒希望是我杀的，至少你们不用去查凶手，没人该为杀了这种人负责。"

"你呢？你就该为这种事情负责吗？"

她抬起头看着我，脸上第一次有了生动的表情，比如惊讶。

"我？我这种人，活着只是浪费。"

她只是这样轻轻地吐出一句话，又笑了笑，眼眸倏然就黯了下来。我安静地看着她半晌，摇摇头。

"这个世界上没有人是多余的，你也一样。"

四　局中人

我离开时，黄怡然送我到了住宅院门口，她的身影被路灯拖得很长，然后逐渐变淡直至人和影都消失在黑暗中。我几次让她回去，她都固执地摇头，却也不与我说什么，只是跟着我，保持着不近不远的距离，偶尔衣袂相接，就快速地分离。

到了转角，我坚持让她停下来。她仰起头看着我，带着一丝犹豫开口："你说：'你也一样'——是什么意思？"

我愣了愣，她的表情很认真。

"我觉得——就算你经历过那些事,你的存在依然是有意义的,对很多人来说,你仍很重要。不要看低自己——大概就是这么回事。"

她的眸子动了动,眼神里有什么东西一闪而过。

"很多人?什么人?"

"嗯——也许现在没出现,或者已经出现了你不知道。比如你妈妈,如果你不重要,当年她为什么非要护着你,宁愿自己挨打也不离开?"

黄怡然又是一愣,过了半天,忽然开口转了话题:"你——明天还要来吗?"

其实我应该摇头的,该问的事情已经问完了,我没有理由再出现在她身边。可鬼使神差,我嗯了声,点点头,接着就又赶紧补充了句:"我还有事情没问完,今天太晚了,明天继续。"

她仿佛不在意我的话,忽然像是不好意思地摸摸头发,眼神左闪右躲,看着别处,顿了好久才幽幽地开口:"那你明天来的时候,能给我带点上次那种花吗?之前那株已经枯了。"

"你喜欢?"

"嗯,香。"

我微笑着点点头。也许就是这个承诺导致我在跟黄怡然的学校求证时就像做贼一样忐忑。她们的老师是个中年女人,姓王,听到黄怡然这个名字显然一愣。我猜她应该已经在新闻上看到了关于黄家的报道。

"请问九号那天,黄怡然是在学校里谈退学的事吗?"

王老师的眼睛里闪过一丝好奇的光。现在正是下课时间,她们的办公室是共用制。一眼扫过去,我粗粗算了下,在场的老师至少有十四个。

"请问,她和她父亲的死有什么关系吗?"王老师凑近我,显得极有兴趣,"我的意思是,如果没关系,你也不会专门来调查她——"

"不在场证明,电视里都这么演的。"

另一个年轻点的男教师走过来接口。我有些头痛,办公室的老师们大多对我的问题起了强烈的好奇心,不管是故作矜持在旁偷听的,还是大咧咧明目张胆凑过来的,每个人都表现出了或多或少想要探知事情的欲望。

我的心里瞬间觉得有些不舒服。

"这只是例行公事,我们需要知道所有和受害者相关的人的去向,请不要过多猜疑。"

我的声音有些僵硬,态度也不大自然。老师们显然察觉出了我的不快,稍微收敛了些。

"她那天来办理退学手续,还闹了会儿。本来还剩下点手续,需要她家长过来亲自确认。但是出了这样的事情,我们学校也就无法去催她。"

王老师的话像在对我炫耀学校的通情达理。我沉默地记录着,让我感到愉快的就是拿到了黄怡然的不在场证据。

年轻的男老师探头来看我的记录,我微微往后躲了躲,他抬起头,推推下滑的眼镜,皮笑肉不笑地开口:"其实那个黄怡然吧,平时总是不哼不哈的,老实得很。但是成绩很糟糕,问她什么都不吱声,看见老师了就会低着头走,班里也没什么朋友。"

"而且她经常迟到早退,问她到底怎么回事也不告诉我们。不管问她什么问题,她都直愣愣地看着你,像听不懂一样。"

"对啊,我好几次想去家访,帮她补习,她一言不发地盯着我,看得人瘆得慌。我干吗热脸去贴人家的冷屁股?搞不好去了还被赶出来。"

"这孩子是挺怪的,大夏天穿长袖衫来上体育课,几次都差点中暑。你说，要是她真的在我的课上出点什么事情，到时候责任谁来承担？"

那男老师的话一下点燃了整个办公室的气氛，他们争先恐后地议论着自己如何想要对黄怡然施以援手，又如何被黄怡然的冷漠骇退。

我沉默地注视着这些本该为人师表的人，头脑中无法停止地回放着黄怡然袒露给我看过的那些伤口。

长条形、圆形、三角形、不规则的扭曲的图案……

这些人中没有一个曾经注意到黄怡然身上的伤疤。其实就算是我，在真的看到之前，也不曾往虐待方面设想。

我的喉咙很干燥。他们的讨论还在继续，时不时看看我，就好像想要得到我的认同。这是一般人的想法吧，他们说的话都是普通人会有的感受。

可黄怡然呢？她被这样的人包围着的时候，心里究竟在想什么？

在那天晚上，我居然那么理所当然地告诉她，这个世界上还有值得她为之生存下去的人。我为自己的轻率而心痛不已。

"抱歉，请问你们知道她家里的情况吗？"

我打断他们的议论，插了句话。王老师歪歪头，露出困惑的神色想了想。

"她是单亲家庭，好像母亲在她小时候就失踪了。她父亲，我们也不认识，反正没来开过家长会，请也请不来。"

"这孩子就是油盐不进，你说什么，她就这么盯着你看，说了也白说。加上家长不配合，这孩子的教育我们也无能为力啊。"

我忍住内心的翻腾，收起纸笔。就在我准备离开的时候，他们忽然安静了下来,一起注视着我的身后。我转过头去,看到穿着一件洗旧的不合身的衬衣的黄怡然。她站在那里,神色木然。

"老师,我来办剩下的手续。"

她没有半分想要为自己辩解的意思,尽管刚才的话显然她都听见了。不知为什么,我忽然手脚冰凉,甚至不敢抬起眼正视她的眼睛。

沉默了会儿,王老师率先开口。她的声音硬生生的,像是从牙缝中挤出来的。我瞥了她一眼,她的笑容很僵硬,脆弱得一碰就会碎。

"是黄怡然啊,快进来。这位公安同志刚才还在问你的事情呢。"

她指指我。黄怡然慢慢走进办公室,围着的老师们有默契地三三两两散开,仿佛事不关己一样。

她越过我时稍微停顿了下,抬起头认真地盯着我看了一两秒,什么也没说,很快又低头走到了王老师的办公桌面前。

"我爸死了,家里没人来办,我就自己来了。"

她的声音刻板,没有任何起伏和情绪。王老师"嗯嗯"两声,似乎没有料到黄怡然会直接这样开口,就偏着头,避开黄怡然的注视,手忙脚乱地在柜子里胡乱翻着东西,过了好一会儿,才调整好了心情,从抽屉底部摸出一张表格放在黄怡然跟前。

"来,填这里。"

王老师的态度很热络,仿佛现在黄怡然填写的不是什么退学申请书而是一封入学介绍信。

"填好了。"

"嗯,接下来给校长办公室送过去,盖个章就行。"

黄怡然点点头,也不多问,取过单子转身就走。她纤细的身子整个淹没在那件衬衣里,长长的头发一如既往地垂在腰间。

王老师在她要踏出办公室的瞬间再次开口:"那个,黄怡然同学。"

黄怡然停下来,转过头看着王老师。王老师不自然地笑了笑,舔了舔有些发干的下唇。

"节哀顺变,家里要有什么困难——"

"没有。"她顿了顿,耸耸肩,挤出一丝笑容,"没什么困难。"

黄怡然没给王老师再说什么的机会,干脆利落地打断了她的话,紧接着转过身踏出了办公室。

我瞠目结舌地盯着她的背影。在她的影子彻底消失后,大家仿佛才又恢复了活力。王老师大大地喘了口气,瘫坐在椅子上,仰着头,擦着眼镜。那个年轻的男老师从隔间探出头,吹了声口哨。

"还是那样,压力山大啊。"

"习惯就好,像上次啊——"

王老师瘪瘪嘴,笑了笑,正要接着他的话茬继续下去时,我匆匆说了声抱歉,埋着头逃也似的从他们办公室跑了出去。

我不确定自己再待下去会说些什么。

我穿过走廊,大步走进操场。阳光仿佛万箭穿身,我抬起头,手捂着眼,大口大口地喘息。

内心的压抑逼得我想大声吼几句,来发泄自己心里那种无法名状的情绪。

我定了定神,随便抓住个过路的小孩,问他校长办公室怎么走。他上下打量我一会儿,给我指了个方向。

我猜,等我离开,学校里就会谣言四起。

我一路小跑上了楼,找到校长办公室,靠在门口的墙上等,一直等到黄怡然低着头手里捏着张正式的退学单从里面走出来。

我叫住她。她像游魂一样的眼神忽然闪了两秒的流光溢彩。

"你要跟校长问我的情况?"

我摇摇头,取过她手里的单子。

"我在等你。"

"等我?"

她有些不敢相信地重复了一次。我忽然觉得耳朵有点烫,我也不知道自己究竟在做什么,这样早已违反了守则纪律,可我停不下来。

想起她的背影,想起那些伤痕,还有周围一直消散不去的关于她的议论,我根本无法自已。

黄怡然没有等我回答她,像是怕我改变主意似的,又很快点点头,露出不自然的微笑。

"我弄好了,可以走了。"

我将单子还给她。她小心翼翼地把那东西放进随身的口袋里。就在那一刻,我才忽然意识到:她什么都没有了。

家人、信念、同龄朋友、熟知的环境等。从现在开始,这一切跟她都没有了瓜葛。我这个突如其来的陌生人,反而成了世界上能证明她存在的唯一。

我为这个认知而感到无比的心痛。

那天我陪着黄怡然走了很远的路。从她家到学校有七站地,很远。可她走起来一点喘粗气的意思都没有,应该早就习惯了。

就算每天天不亮爬起来往学校赶,这么远的路难免会迟到。更何况她还要应付家里那个酒鬼父亲以及莫名其妙就会降临的毒打。

黄怡然低着头走在我身边,两只手小幅度地摆动着。她身上没有一丝都市女孩该有的活力和朝气。她的动作总是显得有些谨小慎微,仿佛都是经过深思熟虑之后才进行的。

我偶尔看看她的侧脸,觉得她实在漂亮。稍微换个环境,稍微打扮整理一下,她会是学校里最吸引人目光的女孩。

她没有什么话要问我,我也找不到话打破我们之间十分尴尬的沉默。

七站地非常远,就像永远也走不到头一样。我的制服很惹眼,尤其身边还带着这么一个妙龄少女。我有些担心路人对她的猜测。可当我转向她时又发现,她根本没看路人,只是低着头,用头发遮挡住自己的大半张脸。

就在我们走到最后一个十字路口时,她停了下来。对面亮着红灯,车辆川流不息。她回头看着我。

"就送到这里吧。"

我愣了一下。她又轻轻地开口:"那边的人因为这件事情都认识你了,你陪我过去会被看到。"

我的心口一紧。原来她一路上都想着怎么跟我开口说这件事情。她有些局促不安地交握着两手。我停了会儿,觉得确实不大合适,这才点了点头。

"我看着你过去。"

她"嗯"了声,跟我说了句再见,转身闯红灯跑进了车水马龙。我眯着眼注视着她的身影,阳光大得让人觉得眩晕。

"我明天来看你!"

我大声对她喊道。她站在马路中央的安全岛上,回头盯着我,很用力地点了点头,然后才转了过去。我的太阳穴一紧一紧地疼。队长告诫我,不要牵扯太深,大概就是这个意思。

我归队之后,汇报了所有情况却隐瞒了这件事情,觉得队长的目光像是探寻什么一样,长时间地在我脸上驻留。最终他并没有点破,不知他是真的没发现,还是假装什么都不知道。他清清嗓子,拿报纸盖住刚才一直摊在桌上的资料,很快转移了话题。

"那张照片,你研究出什么来没有?"

"报告,没有。队长,照片到底有什么问题?"

队长摇摇头,不告诉我。他的目光炯然地透过厚厚的玻璃镜片落在我身上。我被他盯得有些发烫,不自然地避开他的注视。

过了会儿,队长放下茶。他告诉我事情出现了一些变化:黄书明的尸检报告出来了,他在中了四刀之后就死了,可杀他的人在他死后又补了三刀,可见这是仇杀。

五 剪花枝

第二天,我比约定时间早些来到黄怡然的家里。在敲门之前,她就给我开了门,告诉我刚才已经在阳台上瞥见了我。

她收拾了一下自己,把头发梳理得更为服帖了些,也换上了一件虽旧却干净合身的衣服。我再次发现她其实是个很漂亮的女孩,皮肤很白,身材瘦弱。

地上的杂物已经被她处理掉了,整个房间变得宽敞了不少。我注意到她专门把一个花瓶洗干净,放在了朝阳的窗台上,那扇窗户开得很小。我可以想象到她小时候被打以后趴在那里羡慕地看着窗外蝴蝶的模样。

我把花递给她。她欣喜地放进瓶子里左右欣赏。我盯着她的背影,不知道这个女孩将来的命运会怎么样。一想到这个问题,我就觉得心里像被拧了一样。

黄怡然似乎没想那么多。她取出一把旧剪刀,仔仔细细地清理着花束上的残枝。剪刀在太阳下反射出让我晕眩的光。我伸出手遮了遮。她转过头对我笑起来。

"对我来说,这把剪刀的意义很特殊。"

"为什么?"

"剪断旧的,得到新的。"

我没听懂。她也没给我机会询问,一边继续修剪着花枝,一边轻轻哼起了歌,纤细的手指舞蹈似的跳动在花丛中间。我看得有些入迷,直到她转过脸来再次开口。

"你知道吗,其实我小时候,家里没有那么穷。"她停下动作,像是沉浸在回忆里,"我还被送去学过钢琴和画画,但都记不大清楚了。等我再大一点,懂事一点的时候——他就开始打人了,家里的情况也变得越来越糟糕。后来我才知道,他原来好像还会投资,帮人买股票,以为会赚,自己也偷偷跟着买,还挪用了公司的钱。结果股市崩盘了,他亏了很多钱,几乎把公司都给赔了进去。不甘心又去借,借来再亏,然后利滚利,越欠越多,就成了现在的样子。"

黄怡然说到这些,嘴角一撇,漫不经心地叹了口气,又接着开口:"后来他开始打我和我妈,无论抓着什么就打。我经常以为自己要死了,可伤渐渐好起来以后,又很想继续活下去。"

她的眼神飘忽,往远方看去。我忽然想起她说过的关于她母亲的话,胸口里闷得难受。

"你妈妈的事情——跟我说说。"

"我也不知道怎么说,不大记得了。反正那天他抓着我妈的头发出去,我妈一直挣扎一直叫,他不听,还踩在她身上。我太小了,怕得要死,就躲在门后面看。他出去了一个晚上都没回来。第二天下午,我饿得要死,使劲哭,邻居们也不敢管我。后来他一个人回来了,脸色很难看。我以为他又要打我,可他没有。只是盯着我一会儿,大骂我是丧门星,说我和我妈一样,只会让他破财。我不敢问他我妈去了哪里,但从那天之后我妈就不见了。"

我皱起了眉。听她的描述,这的确很像一件凶杀毁尸的悬案。

"就算这样,但也有可能是你妈妈受不了他的折磨离开了,你凭什么肯定是被他杀掉了呢?"

"就凭这把剪刀,"黄怡然将手里的剪刀扬了扬,刀刃反射阳光,一瞬间晃得我有些眼花,"他出去的时候带着这把剪刀,后来回来,我亲眼看见他蹲在厕所里使劲洗它,肯定是在洗上面的血迹。"

"你——尝试过报警吗?"

我知道这个问题很荒唐,一个那么小的小孩子,哪里想得到报警?可出乎我的意料的是,黄怡然忽然顿住良久,接着轻轻地开口。

"我去过。"

我身子一僵,不敢相信自己的耳朵。她握着剪刀的手在发抖,咬着下唇,这似乎是她的习惯动作。只要她感到不安,就会下意识地咬住那个位置。

"那天晚上他回来喝酒,喝醉以后,我就一个人偷偷跑了出去,我知道警察局在哪里,当时那里还有几个人值班,我跟那些警察说了这件事情。"

"然后呢?"

黄怡然冷冷地笑了笑。

"没什么然后了,他们让我回家去。警察肯定都认为我只是小孩子,根本不相信我的话。再说了——你们不是有套规定吗,人失踪超过四十八个小时后才会立案侦查。但是——等过了四十八个小时,也没什么侦查的必要了吧。制定这个规则的人真是狡猾。"

她的话,如鲠在喉。如果换成是我,也不会过多去追究这样的事情。小孩子的话,哪里可能当真?

黄怡然耸耸肩，又开始修剪她的花枝，接着又漫不经心地开口："后来有个警察自动说要送我回家去。我怕被他知道，所以不让他陪我上楼。可是我抵不过他的力气，还是被他拉到家门口了。我爸过来给我们开门，看见警察，脸色难看得像死人一样。他把我赶回房间里，也没让那个警察进屋，两个人在外面噼里啪啦说了一堆话后，警察就走了。后来他回到房间里威胁我，如果再敢跟那个警察联系，他就打断我的腿。第二天他出去了一整天，也不知道干了些什么。回来之后好像还不放心，就打了我一顿，一边打一边说，要不是因为我妈，他哪会破财……"

我盯着她，忽然情绪驱使，小声开口："等这个事情结束，我帮你找你妈妈。"

她的动作一顿，打了个哆嗦，然后回过头来，眼里转动着某种情绪，深刻又复杂。

她看了我好一会儿，使劲咬了咬牙。

"你信我了？"

"我信你。"我停了会儿，补充一句，"假如你妈妈真的已经遇难了，我也会帮你把她的尸体找出来。"

黄怡然的嘴唇颤抖起来，露出了似笑非笑的表情，跟我说了声："谢谢。"

六　形影只

我回到局里时，老王告诉我，今天队长心情奇好，刚才还出来溜达，跟大家开开没名堂的玩笑，嘴角的笑意怎么也掩不住。我赶紧趁这时喊了声报告进去，将黄怡然告诉我的关于她母亲的事情汇报给了队长。那时候拉着窗帘的办公室里只有队长一个人，我敲门进去时他正收着什么东西。我用余光瞥见有一叠发黄的废报纸被他塞在了书桌上方的夹缝里。

那引发了我强烈的好奇心。

可就在我说完她母亲的事情后，原本心情出奇晴朗的队长忽然对我发起很大的脾气，一时让我有些手足无措。他双目圆瞪，像要喷出火一样，狠狠地敲着桌子骂我不务正业。我被他的气势吓住，一时不知怎么回应，只能拼命低头认错。

过了很久，队长的气出够了，终于安静下来，擦了把头上的汗，冷眼瞪着我。

"你不用再去她家里了，事情都调查得差不多了，现在应该去找其他线索。"

"可是……"

"什么可是！"队长挑起眉毛，"在案子没破之前，不能和嫌疑人过分牵扯，这个道理你不知道？！"

我愣住，有些口吃起来。

"她、她、她不是嫌疑人啊，她有、她有、有、有不在场证明。"

"我让你看的照片你是不是还没看？"

队长的火气又上来了，转身拉开抽屉，从里面摸出一叠现场照片砸在我跟前。我弯腰一张张把它们捡起来，那具尸体又重新出现在我跟前，一切影像立刻又鲜活如初起来。

队长背着手背对着我站在那里。我认真地比对这些不同角度的照片，就在快要放弃时，忽然注意到一个地方。

是的，我之前一直没有发现。

那尸体的手指蜷缩着，往前伸出，像是要抓住什么一样。

我一直以为他是想抓住犯人的脚,并没有往深处想。可现在我忽然觉得,他其实已经抓住了什么。

从那手握成的形状来看,他抓住的应该是一个很纤细的圆形物件。

比如卷成卷的书本,比如一根棍子,再比如——黄怡然的脚踝。

我的脑子里倏然闪过黄怡然的打扮。

即使这个天气,她还是穿着白色的棉袜,正好遮住了她的脚踝。

如果她的脚踝上留下了伤口——我不敢继续去想,将照片还给队长。他叹了口气,把东西都收起来,藏在镜片后的锐利目光仿佛穿透了我的皮肤,刻上了我的骨头。

"你好好回去想一想。"

他对我下了逐客令。我有些踉跄地出了他的房间。可就在我走到门口时,我忽然想起刚才队长藏起来的东西。

之前我跟他汇报情况时,他也藏了什么东西在报纸下面。

我觉得队长还有秘密没有告诉我。

我回到家里想了整整一个晚上,最后得出一个自认无比荒谬的结论。可无论我怎么在心里抵死否认,还是觉得很有必要去证实一下。第二天一大早,我再次来到了黄怡然家里,没有对她提及昨天在队里发生的事情。她还穿着那双袜子,我看不透她的脚踝上是否隐藏着巨大的秘密。

她开门看见是我,先是一愣,接着那张没有表情的面孔变得生动起来。

她赶紧让我进屋,给我倒水,然后有些局促不安地抓着自己的头发。

"我还没来得及收拾……"

她讷讷开口,我勉强对她笑了笑。自从看过照片怀疑她后,我没办法再将她当一个被害者来对待。

我需要知道事情的全貌。

"我有话想问问你。"

"嗯，你说。"

"你认不认识这个人？"

说着，我从怀里摸出一张照片，递到她手里。黄怡然歪歪头，仔细打量着照片上的人，过了会儿，惊叫起来。

"我认识他！他就是当时送我回家的警察！"

我默默地将照片收回口袋里。她抬起头看着我，有些疑惑。

"你怎么突然想到把这个照片给我看？"

"没，是另一个案子的，我突然想起来，就试试。"

"你又在查别人的不在场证据啦？"

她有些俏皮地对我眨眨眼睛，我挤出个苦涩的笑容。黄怡然比以前开朗太多了。可我呢，我还能回到以前那个样子吗？

我沉默地坐着，照片在口袋里持续发烫。黄怡然似乎没注意到我的变化，她一直坐在我对面看着我，接着忽然想起什么似的开口。

"对了，你做过那个FBI的测试吗？"

她说着，在一堆旧报纸堆里翻了会儿，找出一本书递到我面前。那是一本一年前的小说杂志，封面已经有些破损了，书页也变得残缺不堪。她指着最后那页给我看，是几个据说是美国FBI用来测试人犯罪倾向的问题。

"一对生活在一起的姐妹为母亲举行葬礼。妹妹在葬礼上邂逅了一个男人，并对他一见倾心。葬礼结束后，她却再也找不到那个男人。一周后，妹妹把姐姐杀了。为什么？"

"为了再办一次葬礼，这样她就能找到那个男人了。"

这个问题我上学时就曾经多次见过。至今我还是不大明白其中的逻辑,也无法理解这种行为。

黄怡然一脸惊讶地看着我,核对了下书里的答案,旋即露出一种近似崇拜的神情,有些不好意思地抓抓头发。

"你真厉害,怎么一下就猜中了?真不愧是当警察的。我想了好久都没有想到,居然会有这种方法。"

我瞅着她的样子,半响开不了口告诉她,这只是个普通的小测试,每一个上过学的人都听说过。

我猜她从来没有过朋友,那天在学校的情形也印证了我的猜想,在那个地方过得比在家好不了多少。

这个话题显然是她精心准备了许久的,跟警察有关。如果我不知道,还有讨论的空间。

队长的声音再次在我耳边炸响,我觉得我似乎是牵扯得太深了点。

离开时她又固执地把我送出了门,还是和之前一样,一言不发。其实我们之间除了这场命案,联系少得惊人。我隐约猜到这个姑娘对我的意思,那让我又感慨又无奈。到了街口,我坚持让她回去,自己站在路灯下注视着她的背影。黄怡然有些不好意思地对我笑着说再见,长长的头发在路灯下发出一种醉人的光彩。她对我挥了挥手,一步三回头地往家里走。

我盯着她的背影一直想,如果我们之间没有横亘那么多的东西,结果会不会有所不同?

那天晚上我没有直接回家,而是去了警局。我偷偷跟老王换了晚班,让他带着老婆去看最新上映的电影。

这件事情只有我和老王两个人知道。自从我来到警局,有两个人对我最为照顾,一个是队长,另一个就是老王。

可现在,我要利用老王去查队长的秘密。这滋味非常难受。

是的,那个被黄怡然认出来的警察,那个在十年前就已经知道了黄怡然和她母亲的事情的人,就是年轻时候的队长。

刚进警局时我就听说过,队长曾经违反了警队的纪律,偷偷跟着别人炒股投资,结果砸了,自己赔干净蚀了本不说,还被总局降职到了我们这个小地方,幸好没有被开除警籍。我一直很好奇,为什么队长从此以后不愿意接受升迁调令,非要固执地坚守在这个辖区?命案后,为什么队长将对黄怡然的调查全权交给我?又为什么在我接触了某宗十年前的失踪案时突然大发雷霆,要打住我的行动?

按理说,他早就知道我一直和黄怡然接触。为什么偏偏在这个时候出来挡住我呢?那些被他藏起来的东西,究竟又是什么?

昨天,当黄怡然偶然提起关于她小时候的事情时,我才模模糊糊想出了个轮廓。

我觉得自己很龌龊,用这样的心思去猜测队长。可思绪仿佛自己长了腿,拼命地往我最不愿看到的方向前进着。

老王和我约定,不会让任何人知道我们调班的事情。

夜班的值日表是队长安排的,他很清楚我们什么时候在,什么时候不在。我准时来到局里。老王站在门口等我,看见我去,高兴地迎上前使劲拍了拍我的肩膀,说我帮了大忙。

我僵硬地笑着回应他,接过钥匙。那一连串的钥匙里面也包括一把队长办公室的。

我陪老王等在门口,直到等来一辆出租车。他早已换好了笔挺的衣服,准备和老婆儿女共享天伦。

就在他上了车跟我说再见时,我一时冲动,拉住了他上摇的玻璃。

"老王，我问你个事儿。"

"什么？"

"队长当年——炒股票为什么会被罚到我们这里来啊？"

"哦，听别人说是炒股炒得太大了，根本没心情做事。跟他合作的那个人眼光不行，把全部资产都砸进股市了。他又去借钱，还想继续，被大报小报登了遍，结果被上面的人知道了。你懂啊，我们这一行是不能自己私下干投资的。还好他原来工作做得好，加上学校里那些老教官出面保他，才没被开除。不过也惨，直接连降了三级到我们这个地方来，听说还记了过。"

我的手攥成拳头。黄怡然的父亲也是因股市失败才破产的。

"老王啊，如果一个……一个你很尊敬的人，如师如父那样的人，其实做过很龌龊的事情，比如犯法的事情，你知道了，会怎么样？"

老王愣了愣，专心地盯着我看了半响，一瘪嘴。

"那得看我是以什么身份。如果我以警察的身份，肯定得追查到底；如果是以别的——兴许就算了。"

接着他又笑了笑，挑起眉毛，用一种奇怪的神色瞅着我。

"干嘛，你抓着谁的小辫子了？"

"没，没事。"

我放开手，他跟我说了声再见，车疾驰而去。夜风呼啦地吹起来，我裹紧了衣服，还是无法挡住透骨的寒意。

这天太冷了，也太黑了。

七　昔时因

我一直等到半夜，确信没有人会突然造访后，才打着手电，进到队长办公室。

门锁打开时发出咔哒的轻响。我悄悄躲进去，再关上门。房间里很黑，桌上乱糟糟地放着报纸和资料。

我循着记忆，找到了白天被队长随手塞进书桌上方夹缝里的材料，将它们取了出来。

我戴上手套，把手电筒叼在嘴里，一页页开始阅读。

刚开始的几页，是发黄的报纸，上面的人，一个是队长，另一个是死者——黄书明。

那时候他们还穿着西装，头发梳得很光亮。报纸的题目是："商业巨子和精英警察的陨落"，报道着他们两人炒股失败的事情。

他们真的是认识的。我的心越沉越低，翻开后面，一连几篇都是这样的报道。有关于他们各自风光时候的采访，还有落魄时候走在一起，被记者偷拍到的新闻。这就是队长最难启齿的过去。

在报道中，我甚至还找到一张黄怡然小时候的照片。照片里的她打扮得像洋娃娃一样可爱，被黄书明用力拽着往前走，微微侧过的眼神里充满了惊恐。而现在的惊恐早已随着岁月逐渐从眼里蔓延到了心里，早已长刺扎根，很难拔出。

再然后，是一篇被精心剪裁下来的小幅报道，上面刊登了黄书明妻子失踪的消息。

那个可怜的女人，就算不见了，也只是以"前商业精英之妻"

的身份被人们遗忘。

我继续往下看，终于，我看到了那张我预计会存在的纸条。

那是一张非常简单的协议，A4大小的纸张，上面盖着两个人的拇指印。

我掏出手机，静静地看着那张纸。在屋外狂风大作时，我终于按下了拍摄，胃里翻江倒海，很想作呕。

我忽然非常理解黄怡然的感受，那是种被全世界背叛和抛弃的绝望。而人之所以会绝望，也正是因为他们还抱着最不切实际的希望。

当年的黄书明带着队长投资股票生意，赚了大笔钱，两人都家庭幸福美满。后来一次投资失败，让队长几乎破了产，也让黄书明的公司化为乌有。可两人铤而走险地借了高利贷，然后就像黄怡然告诉我的那样，利滚利债滚债，越欠越多。

黄书明很快堕落下去。他们的某次争吵被记者偷拍刊登在报纸头条。队长的名声和仕途也算毁了，这才被发配到了我们这个小地方。按理说他们本不会再有什么联系。直到那个夜晚，黄书明错手杀掉了自己的妻子那晚，黄怡然闯进了队长的派出所。

也许看第一眼，队长就知道黄怡然是谁的女儿，因此才坚持要送她回家，为的就是见黄书明一面。凭着警察的直觉，他肯定明白这家人是出了什么事情。

黄书明看到队长后，知道自己的行为暴露了，和队长狠狠吵了一架。

第二天，就在黄书明销毁杀人证据，也就是埋尸时，队长跟踪而至，对他进行了勒索。

我知道贫穷会把一个人逼疯，可我怎么也想不到，队长竟然做过这样的事情。

黄书明把最后一点存款——总共五十万，交给队长后，开始变本加厉地惩罚黄怡然。他觉得：这一切的不幸都是黄怡然和她母亲带来的，如果没有她们，他本可以用这五十万东山再起。

那张纸条上的协议内容，就是队长用五十万的价格出卖了自己的人格，也出卖了黄怡然那个不幸的母亲。

而队长一直不肯离开这个地方，也是害怕此事会被揭露。他们就像一根绳上的蚂蚱，一头着火，另一头也无法善终。

我全身打着哆嗦，所有信仰在这一刻悄然崩塌。屋外的风更甚了，树影扭曲地匍匐在地上，然后一点点往墙壁上攀爬着，张牙舞爪，像是姿势怪异的尸体一样。

在明白这一切后，我忽然无比想念黄怡然，很想见到她。立刻！马上！

我很想把这个可怜的姑娘抱在怀里，然后告诉她没有关系，一切都会过去。

可我不能那么做，因为她现在已经是头号嫌疑人，所以队长才有那种欣喜至扭曲的表情。

我想起了那张队长一直要我仔细看的照片。为什么他当时看见了不立刻告诉我，非要我自己去发现呢？他是希望由我来定黄怡然的罪吗？

那张照片，是真的吗？或者说，当时的黄书明，手真的抓住了黄怡然的脚踝吗？

我已经不敢确信了。

八　曾许诺

五点来钟时，在被老王接班之后，我独自来到黄怡然家楼下，仰着头看着这栋爬满了青苔和各种植物的破旧的老房子。

黄怡然就住在里面，想象着可能会有的新生活。

我驻足了很久，才慢慢上了楼，敲开了她的房门。她睡眼朦胧地让我进去，捂着脸不叫我看，一个人躲在盥洗室弄了老半天才出来。

她的刘海上沾着的水珠，滴滴答答往下掉。我将准备好的花递给她。她接过去轻轻闻了闻，抬起头红着脸小声地说了句谢谢。

她变得越来越像正常的女孩，会为了小礼物而惊喜、害羞、期待。她告诉我，昨天她出去找工作了，当服务生。她欣喜的样子抓着我的心脏，令我的心隐隐作痛着。

"你原来说的，会帮我找我妈妈，是真的吗？"

她站在那个花瓶边，将花插进去，认真地拨弄，也不看我，语气里带着不安地开口询问。我使劲点头，嗓子里堵得难受，只能淡淡地嗯了声。

黄怡然忽然笑起来，猛地转过脸来，笑容灿烂得好像外面的太阳，瞬间照亮了整个屋子。

"你说的，我们拉钩。"

"行，我们拉钩。"

她将我的手指勾住，上上下下地摇，嘴里吐出些幼稚的话语，接着，用拇指和我的碰了碰，像盖章一样用力。

我在她家里没有坐多久，跟她说我在附近执行任务，所以顺便来看看她。她全盘接受了我的说辞，没有半点怀疑，而后又像之前那样，一直把我送到了街口。

我怎么也无法开口告诉她，她母亲的下落和整件事情的来龙去脉。我不能想象：已经习惯了她温暖笑容的我怎样承受此前的冰冷和悲切。

我站在街口，目送她回去，一直等到她的身影消失在转角处，才转过身，就在这时，碰到了守门的老头。那老头眯着宿醉的眼睛看着我，似乎还记得我，伸出手指指着我半晌，颤巍巍地开口："你们查出来了吗？"

"还没有。"

"唉，这种人，死了就死了，查什么啊？"

老头摇摇头背着手往里走。如果换成以前，我也许会跟他说些诸如"没有人是该死的，而我的职责是保护市民"这类陈腔滥调。可今天，在刚和那个会为了一束鲜花而雀跃的女孩见面后，我什么也说不出来了。

那老头走了几步，忽然又转过脸看着我。

"我儿子是开货车的，平时车上装着摄像头，那天车正好停在这儿，说不定拍到了什么。"

我一愣，赶紧跑上前拽住他。

"这么重要的线索，你怎么不早说？"

"我有义务非要说吗？"

老头瞪了我一眼，清清嗓子。

"我回家去找找，等我找到了，就给你们送过去。"

我犹豫了很久，还是决定把这件事情透露给黄怡然。我心里还怀疑她，想要试探她，不得不说，队长在给人洗脑这方面的确有过人的本事。我转身回了黄怡然家,把事情告诉了她。

"所以——你们能通过录像找到杀人的人?"

她坐在我对面,想了会儿,有些紧张地看着我,还穿着那件衬衣,宽大的袖子卷了好几圈,领口打开,锁骨隐隐可见,衣服下面有着永远也无法愈合的伤口。我知道她心里在想什么。对她来说,那个杀人犯倒好像救命恩人一样。我点了点头。她沉默下来。

"那——是不是找到之后,案子就算结束了?"

"对。"

她皱起了那对漂亮的眉,咬着手指。我发现这是她另一个很惯常的小动作,只要她想要什么时就会咬自己的手指。我正想要安慰她,她却忽然起身,幅度大得让我有些惊愕。

"你回去。"

她丢下这样一句话,然后不由分说地把我推出了门。

我喊了几声她的名字,她没有响应我。我轻轻拍打她的门,过了会儿,从里面传出个闷闷的声音,叫我离开。我顿了很久,才讪讪地下楼。值班室黑乎乎的,老头好像已经睡下了。

我决定先回家,这几天发生的事情太多了,我需要整理思路。这个新证据,明天再通知队里的人来取。

九 难相随

第二天,刚一到队里,我就听说了三件事情。

第一件事,杀黄书明的人被另一个辖区的警察误打误撞地抓住了。那人是个流浪汉,没有固定的住处和职业,每天游荡在城市的阴暗角落里，和瘾君子、小偷、流氓们厮混在一起。被抓住时，他正在实施抢劫，看见警察，以为自己的事情被发现，竟当场就招认了黄书明的命案。

那天凶手碰巧经过黄书明的居民区，看见喝得酩酊大醉的黄书明躺在路上，怀里露出了一截钱包。凶手见财起意，偷偷过去刚想偷走，黄书明醒了过来，抓着他大喊大叫。凶手急了，想也没想就从兜里掏出小刀子扎在黄书明身上。据他供述，他发现黄书明没气后，拿了钱包就跑了，再也没有进过那个院子。所以黄书明的案子根本不是我们之前所设想的仇杀，只是一起简单的抢劫杀人而已。

第二件事，昨天跟我说要找录像带的看门老头死了，被人在胸口上扎了一刀。房间被翻得乱七八糟的，也不知到底少了什么东西。

第三件事，杀看门老头的凶器和中四刀已死的黄书明身上最后被补的三刀的凶器是同一件，都是一把剪刀。

我只告诉了黄怡然关于老头和录像带的事情。黄怡然用一把剪刀修剪我送给她的花枝。她说那把剪刀剪断了她的过去，给了她新的未来。她的父亲用那把剪刀杀死了她的母亲，在清洗血迹时被她看见。她恨她的父亲，希望是自己亲自动手，也希望没有人能查出到底是谁杀了她的父亲。

我手脚冰凉地看着报告，一个我根本不愿承认却又是无可辩驳的事实浮现在脑海里。

队长从我手里取走书面文件，拍了拍我的肩膀，压低声音："去道个别，下不为例。"

我抬起头盯着队长的眼睛，第一次从这双曾经以为无比清澈的双目中看到了贪婪、虚妄以及狡黠。

我再次来到黄怡然家。我站在门口很久，都不知该用什么表情面对她。她在我们通知她之前就知道了自己父亲的死讯，也许她已亲眼所见，也许她自己就在那录像中：在凶手离开后，黄怡然用剪刀狠狠地扎在她父亲已经冰凉的尸体上，借此把这么多年来的愤怒全部宣泄出来。而看门的老头只是个可怜的牺牲者。也许黄怡然只是不希望有人因她的父亲而获刑，在潜入老头家偷那盒录像带时惊动了屋子里的人，然后她就像刺杀自己父亲的尸体那样把剪刀插进了老头的胸口里。

我无法理解她的心情，我只知道，这是我最后一次以一个朋友的身份来看望她。她被定罪，只是时间早晚而已。我已经和队长申请了缺席这次的审讯，我无法想象自己能客观地讯问她。

黄怡然开了门，见是我，脸上露出天真的笑容。房间里的酒精味被花香和焚烧东西的味道所取代。她身上的伤似乎已经好转了。她找到了新的工作，有新的人愿意接纳她。如果再给她十年，她会忘记过去发生的虐待，会忘记那把剪刀，会忘记那个夜晚她父亲用怎样狰狞的面孔清洗着剪刀上的血迹。

她会结婚，生子，安享天年。也许还会忘记我。

我闭上眼睛，深呼吸了口气，几乎不敢看她。

"杀害你爸的凶手被找到了，是个流浪汉，抢劫杀人，不是我们之前想的仇杀。"

黄怡然一愣，笑容迅速隐去。我甚至能感觉到体温正从她的身体里逐渐流失。她不惜杀人都想要隐瞒的真相竟就这样被揭露了出来，我不敢想象她的心情。

"我们会对凶手进行审讯。他现在已经招认了，人证物证都有，就等法官的裁决。案子结了，我——我今天就是来通知你一声。"

"所以你要走了吗？"

她忽然激动起来，抓住我的袖子，那力气大得很不寻常。我被她拽得几乎跟跄地摔在地上。她凑近我，语气中带着一种我不明白的焦灼。我们之间的距离只有毫厘,她呼出的气息喷在我的脸上,湿润又温暖。

"所以你这就走了吗?"

"所以你说过的要帮我找妈妈的事情都是假的?"

"你以后都不会来找我了吗?"

"我们以后……以后都见不上了吗?"

她把一连串的问题丢出来,句句都砸在我心上。我盯着她失去了血色的脸,忽然难过起来。这女孩今后的命运如何,会去哪里,我都不知道。我只明白一件事情,我已经决心脱离此案。也就是说,从现在开始,我和这个女孩也许一辈子都不会再见面了。

我点点头,那句保重怎么也无法说出口。她忽然放开我,后退了两步,愣愣地看着我,过了会儿,用第一次见面时那种冷淡的语调对我开口。

"你回去吧。既然结束了,我们也没有必要再见面了。"

尾　罪之殇

我离开了她的房间。刺眼的阳光似乎切割了空气,令人无法呼吸。我站在院子里,回头看着黑乎乎的房间。她始终没能从那里出来,我救不了她。就像之前被她痛恨的无数警察一样,我只是另一个给了她希望再把希望亲手打破的人。

我觉得胸口窒息一样疼痛。

回到警局,我坐在门口,埋着头,不想理会任何人。

此时我接到了黄怡然的电话。那头她的声音苍白,带着死亡的气息。

"我不是——不是为了那个人。"

我的心忽然狠狠一凛,那头传来重物落地的声音,然后不管我怎么呼喊,都没有了回应。等我赶到医院时,黄怡然已经不行了。

她拿剪刀刺了自己七下,然后拼着命给我打了这个电话。

而我参不透她的话。

我扶着她的病床一路跟着医生们小跑到了急救室门口。我被挡在门外,她勉强对我露出微笑,说:"你记得那个故事吗?"

那个妹妹为了再见心上人一面杀了姐姐举办葬礼的扭曲的故事。黄怡然就是故事中的妹妹,先杀了老头再杀自己,都是为了见我。

我坐在医院的长椅上浑身冰凉。

她是这个意思。

她说过的所有话,跟我拉的钩,让我帮她找妈妈,居然都是这个意思。如果我早一点明白,她就不用死了。这令我毛骨悚然。我颤抖着,全身温度急速流逝。

我想哭,可怎么也发不出声音,脖子里像被人插进了冰棱,我的血管里呼啸而过的全是冰渣。

她并不是为了不让凶手被捕才去偷那盘录像带,她是为了我!

她只是想继续与我见面,认为只要这个案子不结束,她就可以再见到我。而现在,她用自己的死换来和我见最后一面。我不知道情愫是什么时候开始的,也许是开始于我第一次的送花。

我把头埋在手臂里,坐在长椅上。消毒水的味道弥漫在空气中,急救室的灯熄灭了,医生走出来摇了摇头。

我抬起脸,用力盯着那条黑洞洞的走廊,仿佛看到黄怡然的笑容消失在走廊的另一头。我取出本子,用力握住钢笔想为这个事件作总结,最后在纸上留下的只不过是一个毫无意义的墨点。

而后我起身，朝旁边站着队长的警车走去。我还有一件可以为黄怡然做的事情。我摸出了怀里的手机，看着那些被我拍下来的照片。

最后一张照片是黄怡然十年之前的那张让人心动的脸。

目击者

你知道，真正的一生一世，是什么意思吗？

电影院 & 天文台

我和安安吵架了，从起因到经过再到结果都很莫名其妙。

安安是我的女朋友，今天是我们相识四周年纪念日，我的口袋里还装着那枚准备在第一颗流星落下来时送给她的戒指。可现在，一切都显得毫无意义了。

今天安安发了很大的火。我昨天约了她，一定要在今天晚上八点钟到她家附近的天文台上看流星雨。她春风满面地答应我，挂电话前还附赠了香吻一枚。所以为了能提前完成工作，我一整天都关着手机。

可到了下午，等我处理完所有事情，拨通她的电话后，她却在电话里问我到底准备看什么电影，票有没有买好。

如果那时候我的语气再温柔点儿就好了。

安安和我吵了起来，并且坚持说是我临时改变了主意。我完全不明白发生了什么事情，对她突如其来的大小姐脾气感到格外恼怒。

我们一句接一句，音调逐渐往上提。直到最后，安安哽咽地斥责我是神经病，然后挂断了电话。

我颓然地收起手机，慢慢在街上瞎逛。逛着逛着，我不由自主地往那个原本应该成为我们订婚地点的天文台走去。今天我的眼皮一直在跳，心慌得厉害，也许就是在预告这次不必要的争吵。

还没等我走到天文台，我已经后悔了。

大男人一个，至于和女孩斗气吗？稍微让着她一点儿不就好了！我攥紧那枚戒指，使劲摁住自己的眼皮，再次摸出电话，拨通了安安的号码。

过了一会儿，那头传来她的声音，依旧气呼呼的，却也软和了一些。

"你还想怎么样？"她问我。

我赶紧狗腿起来，笑嘻嘻地凑近话筒："不敢不敢！都是我错了，还不行吗？你现在在哪里？我马上来找你。"

"我不是说了，我在往天文台走嘛！"她顿了顿，忽然声音又提高了些，"你今天真的有病啊，你！"

我一愣，赶紧堵住她的火气："行行行，你别急，我马上到，顺便给你买你最爱的冰激凌。"

"……那人家要香草的。"她的声音柔和下来。

我的一颗心落地了，笑着应了声，赶紧挂上电话。我目前所在的地方离天文台只有十来分钟的路程。我抬起手腕看了看表，现在是晚上九点，我忽然觉得有些心慌，可不能让她一个女孩子独自等在那里。我也没时间等车了，只能小跑赶过去。

我跑进街边的冷饮店，买了个香草味的甜筒，五块五。我递给老板娘一张百元的红票，一边等着找零，一边望着门外。

"找零,你数数。"

我道了声谢,对老板娘笑了笑。

老板娘盯着我,忽然眨眨眼睛开口问:"小伙子,约了女朋友啊,这么急?"

我忽然一愣。我觉得她的话很奇怪,她的样子也很奇怪。这种奇怪的感觉从一个未知的地方突然蹦进我的心里,就好像……就好像在什么地方有什么人也问过我相似的问题一样。

我摇摇头,压下那股奇怪的感觉,赶紧朝着天文台的方向跑了过去。

车祸 & 安安死了

今日,环南路地段天文观测台边发生一起交通事故,这是近期发生的第二起严重的交通肇事案件。肇事车辆被丢弃于距事发地点约两百米远的街口。车内空无一人,司机不知所终。报案人称:自己于今晚九点四十左右发现该事故,随即拨打了110,直到警方出现封锁现场为止,周围并未出现可疑人员。

据警方推测,车祸后,肇事司机将车停于发现地点便弃车逃亡。经调查后证实,该车车主拥有充分的不在场证明,现已被排除嫌疑。

任何最新进展,请密切关注本台接下来的报道。若发现可疑人员,请立即与警方联系。

我关上电视,切断了还带着机械交流电响的播音。小咪蜷缩在我身边安然入睡,那是在事发现场忽然跳出来的小东西,是一只也许还需吃奶就被抛弃了的小猫。安安很喜欢这些小动物,一看见就会母爱泛滥。那天我在盯着安安的尸体时发现了在一边的它,决定将它带回来。

电视被关上前所播的最后一幕画面,是安安的父母悲痛欲绝地匍匐在地,仿佛那样就能把他们孩子的灵魂从那块土地里拽出来。我仰头倒在沙发上,盯着灰白的天花板发着呆。手机一直关着,不知道是否有人在到处找我。

离事情发生只有一个晚上,准确点儿说是八个小时。前四个小时我都蹲在警局接受调查,证明了自己不在场;后四个小时我蜷缩在家中自怨自艾。这段时间对我就像被人用磨钝了的刀子整整凌迟了一年。

只要我一闭眼,昨天安安被碾死的场景就会回到眼前。她身下渗出的鲜血渐渐铺陈开来,慢慢延展,一直到我的脚下,像一只伸出的手企图抓住我的脚踝。

我呆呆地伫立在那里,直到那辆车呼啸着擦着我过去。

司机在那一刻狠狠地踩下了刹车,以至于地面被摩擦出了一条浅黑色的痕迹。但我知道,那并不是因为他撞上了安安,而是因为他看见了我。

我也并非是因为看见他开的是我的车才感到惊愕,而是因为我看见了他的脸才惊惧。那张隔着车窗玻璃的脸,我看一眼就不会忘记。顿时,山呼海啸的恐惧吞没了我。

而后肇事者毫不犹豫地轰了脚油门,肮脏的货车带着刺鼻的味道逃窜而去。我愣愣地站在原地,不知过了多久,直到被路过的人发出的尖叫惊醒。我猛地回过头,那车就停在街口的转弯处。

安静,死寂,悄无声响。

安安脸朝下趴在地上，皮肤泛出枯燥的灰白色，头发脏乱，已经没有了呼吸，她最喜欢的那个红色的随身小包掉在一边。

冰激凌融化了，滴在我的鞋子上，变成乳白色的斑点。我伸出的手久久地悬在半空，只要再长个半米，就能拽住她的胳膊。我不敢相信前一秒她还挂着天使一样的微笑站在马路对面，挥着手对我说"你来"，而后一秒她就这样死在了我的跟前。

她的生与死，只有一步之遥。

然后我没有像随后聚集来的人那样，拥过去看她的情况。就在刚才那一瞬，我明确地意识到一件事情，我成了这桩车祸的第一目击者。不知道为什么，就在我意识到这件事情时，脑子里突然冒出来一个声音告诉我必须离开现场。于是我后退了两步，在嘈杂熙攘的人群之中，转过身，拉起衣领，趁着所有霓虹统统变暗的那一刻，匆匆离开了那个我深爱的女人。

那个和今天所有预感一样莫名其妙的声音告诉我，我必须置身事外。

目击者 & 我

长假后第一天，我被安排加班。前一晚的彻夜难眠给我画上了一对怎么也遮不住的熊猫眼。我挤上地铁，新闻里滚动播放着那桩事故。我找着个角落里的座位，拉起衣服遮着脸，准备打个小盹。我昏昏沉沉地刚眯眼，脑子里就猛地浮现出安安惊愕的脸，她张大嘴像要将我活生生吞下去一样。

我一个激灵醒过来，抬起头揉揉眼，正好到站了。

周围的窃窃私语都在讨论着那起肇事逃逸的车祸。生活安逸，就会显得乏味单调，人们需要刺激的事情来打发无聊的时间。

我揉着酸硬的脖子到了公司，在楼梯口遇到了陈之效。这个开朗的后辈根本不知道我经历了怎样可怕的事情，笑着迎上来和我 say hi。

"电影看得怎么样？"他开口问我，接着有些搞怪地轻轻用手肘戳了下我的胳膊，眨眨眼睛，"求婚怎么样？电影院求婚挺浪漫啊。不过你也挺奇怪的，怎么把自己搞得那么邋遢？胡子也不知道剃干净。成功没啊？"

我抬起头，根本没去听他说什么，木然地接了下去："安安死了，车祸，昨天晚上。"

他的笑容迅速冻结在嘴角，整个人像牵线玩偶，一动也不动。

我盯着他看了一会儿，我知道自己的样子有多吓人。接着我甚至对他惨笑了一下，越过他走进了大门："没事，我挺得住。你呢，赶上见客户没？"

随口问完这句话后，我忽然愣住了：客户？我在说什么啊？陈之效才进公司，哪里有机会去见什么客户？

我有些尴尬，正想道歉，陈之效却点了点头："啊，还好我赶上了。"

他说完，拍拍我的肩膀，默不作声地转身离开。也是，谁能坦然地和我谈车祸这么悲惨的话题呢？公司里的那些同事看见我，有的僵硬地笑着，和我打招呼；有的人干脆避开。我当然知道他们在想什么。

我游魂似的回到自己的位子上，打开了电脑。

文案堆在一边，一个字都没碰，原本预计会无比愉悦的长假在车祸之后变得黯淡无光。我现在宁愿自己这七天一直坐在办公室里加班，也比亲身经历那件事情要强得多。

我一边写着企划一边胡思乱想着自己看到的事情。我确信自己心智正常，没有任何精神病史，那时候没有喝酒，更没有吸毒，不可能幻听幻视。

那么我看见的东西，究竟该如何解释呢？

还有安安，我的安安。我只要想到她已经不存在于这个世界上，心脏就像被一只有力的手掐住狠狠蹂躏一样，无法喘息。

午餐时我根本没有胃口，一个人到了茶水间，看着三三两两聚在一起的同事们脸上挂着或喜或悲的表情说着假期经历，给自己泡了杯咖啡，打开关了两天的手机。我一个人走到角落里，翻看着邮箱，里面塞满了安安过去发来的短信。

我盯着那个熟悉的号码，近乎潸然泪下。我偷偷按下那个属于我们的情侣号，听着那头一遍遍响起忙音。就好像她随时可能接起电话一样，我转过身靠在墙上，喝了口咖啡，耐心等待着。

茶水间的人们自动躲着我，他们肯定觉得我是个冷血的变态，女朋友刚死一个晚上，还能若无其事地出现在公司里。对面高悬在墙上的电视正播放着午间新闻，美女主播穿着粉色的裙子，脸上带着专业的冰冷表情。

我曾经跟安安开玩笑说过，我觉得自己认识这个女主播。安安噘着嘴躺在我怀里问我什么时候，我说自己也不知道，可能是上辈子。

她说我做梦，我使劲地挠她的痒，她笑着拼命躲闪，用枕头挡住我的进攻。

我忽然觉得这一切场景都很熟悉，包括我现在悲惨的心情。我想不明白的事情太多了。

比如为什么我会看见那种东西？

比如为什么车内会空无一人？

比如为什么是我的车，撞死了我深爱的女人？

"现在为您播报的是关于昨天晚上环南路车辆肇事逃逸案的最新进展。"

我的手抖了下，杯子里的咖啡洒出来些。电话里的忙音还在继续，我盯着电视，主持人的嘴一张一合。

"根据记者最新了解的情况，警方已掌握了肇事车辆的基本情况，肇事司机在逃，家属情绪逐渐稳定，死者已经被送到殡仪馆。市民们怀着同情心在死者遇难的路段摆放了鲜花以警示人们注意交通安全。另据了解，事发时有一摄影爱好者正在拍摄当日星象。据这名天文爱好者称，当日正值百年难遇的流星雨群划过地球上空，所以他携带了拍摄器具准备记录这一幕奇观。在听见声音后，他迅速调转了镜头，为我们拍摄了这段宝贵的现场影片。"

主播的声音停下来，画面一转回到车祸当日，我全身就冰冷起来。

画面一开始，安安已经躺在地上了。车停在她跟前，里面坐着的凶手仿佛正在观察她的情况。

画面的另一边站着一个男人，手里拿着香草味的冰激凌。

两秒钟后，车猛地开了出去，一直到街角才停下来。目击者呆呆地站在那里，木然地盯着安安的尸体，而后转过身，丧尸一样摇摇晃晃地往街角走过去，停在车边上。他拉开了车门，探头往里面看了看，又"砰"的一声将车门砸上，回到了安安身边，继续站着，动也不动。

人群簇拥过来，有人捂着脸尖叫，有人查看女孩的情况，有人急急地打着电话。男人一直站着，被人们推来搡去，一直被挤到了人圈之外。他的手里一直捏着一个融化得差不多了的冰激凌。

随后,他左右看了看,匆匆地离开了现场。

镜头停下来,男人的脸在电视上被截图特写,被画上红圈。

我手里的咖啡在无力地升起最后一圈白雾后彻底凉了。周围的同事们转过头来盯着我,目光中有愕然,有不解,有猜测,更多的是怀疑。

女主播的声音停顿了下,又再次响起来,她的脸上出现了某种我不了解的挣扎表情,很困惑,很矛盾。

"经证实,画面中的目击男子正是受害者的男朋友……"

她的声音遥远而模糊,我长久地看着镜头里的自己,失魂落魄,像受到了巨大的惊吓,而下一刻又像是想起了什么一样,忽然变得无比镇定。

同事议论的声音朝我涌过来,窸窸窣窣,无处不在,无孔不入。

我的心脏剧烈地收缩着,加快了血液在体内的循环,我几乎无法支撑自己的身体,就这样死死地贴着墙壁,双腿发软,眼前一阵阵发黑。

竟然有人看见了,还拍了下来。我咬紧牙直至牙关酸疼,才不得不放开。

站在周围的同事们时不时回过头,指指点点一番。我一直低着头,不声不响。直到主管出现在我面前,皱着眉,站在离我三步远的地方看着我,打破了我的兀自沉默。

"吴可,公安局有人找你。"

我猛地抬起眼。主管避开我的眼神,转过身:"你快点,人家在等着你呢。"

目击线索 & 无

  我在众目睽睽之下被两个警察从公司直接带走。周围人惊讶的目光透露出一个相似的讯息，他们都认定我和安安的凶杀案有关。

  我完全可以理解，甚至可以说，我也认为我和安安的凶杀案有关系。只是我谁也不能倾诉。这样荒谬的事情，除非亲眼所见，谁会相信呢？

  我被带到了审讯室，面前是一块像黑板一样的黑色东西。桌上亮着个小台灯，一切和我在电视剧里看过的审讯室一模一样。我可以想象那些站在单向透视玻璃后观察着我的警察们的表情。

  我的每一次呼吸，每一个皱眉，每一声咳嗽都会成为他们评估我的依据。

  这是当然的。女朋友被撞死在了自己面前，司机将车停在不远的地方。男朋友目击了整个事件，甚至还过去打开那辆本来就登记在男朋友名下的肇事车的车门看了看。到了最后，这个男朋友非但没有站出来指认凶手、帮助破案，反而躲藏到层层叠叠的人群中。

  所以不管什么人，都会认为我这个目击者牵扯其中。

  我狠狠地抓着头发，用力盯着眼前的桌面，只见桌上残留的一粒灰尘在光线下无所遁形。

  过了会儿，有两个人开门进来。我抬起头看着他们，走到我面前坐下的是个中年男人，脸上刻着干练。

  "吴可，你好，我是负责你女朋友车祸案子的警察，我姓杨。"他特意加重了"女朋友"三个字，"根据我们找到的视频，你当时就在现场,请说说你看到了什么。"

我瞅着他说:"我看到——安安被车撞了。"

"从你的角度,一定看见了肇事司机的样子,能给我们描述一下吗?"

"男的,穿着和我一样的衣服……"我住了口,使劲摇头,那个恐怖的景象几乎让我无法言语,"我记不起他的样子了。"

"'记不起'是什么意思?"杨警官的眉毛一挑,显然不相信我拙劣的谎言。

"我真的不记得了。"我镇定下来,抬起眼看着他。

"那之后呢?你没有查看你女朋友的伤势,反而走去查看肇事车。你当时看到了什么?"

"什么都没有看见。"

"你什么意思?"

"就是字面的意思,我走过去,打开了车门,什么都没有看见。"

我咽了口口水,认真地看着他。是的,我没有说谎。当时我过去查看车内时,里面空空荡荡,甚至没有司机存在过的痕迹,我又很确定没有任何人从车中走出来,这我实在想不明白。

杨警官的眉头皱紧了。他显然觉得我一直在胡言乱语。他翻开了笔记的另一页,抬起眼瞄着我:"为什么你当时不报案,反而离开了现场?"

"我不知道,可能太害怕了,我本能地想离开。"

"女朋友死了,你却不想帮警方破案?如果没有这个视频,你也打算不告诉我们你就是第一目击者?"

"我不知道,这是个假设问题。"

他重重地吐出一口气,伸手抚过自己的额头。我相信我在他心里已经被定性成了个冷血无情的人渣。

"说说看,为什么你的车会成为肇事车辆?"

"我不知道,也许是他偷的。"

"钥匙呢?钥匙也被他偷了?"

"也许他是个小偷。"

"你的家并没有被破门而入的痕迹。"

"我不明白。我看见那车时,我自己也很震惊。"

我逐渐稳定了心情,开始应答如流。我不能被他们扣在这里。那种似曾相识的奇妙感觉从我回答第一个问题起就一直存在着,仿佛对同样的问题我早已经回答了千百次。这感觉就像我的第六感一样,告诉我,我必须节省时间,早点从这个地方出去。外面还有很多的问号等着我去解答。而他们今天之所以这样逼问我,一定是没能从那辆车里找到任何有用的线索。

所以我没有告诉他,偷取我的钥匙几乎是不可能的事情。因为那把钥匙在早些时候被我忘在了公司的员工柜里。公司采取的是高端防盗设备,只有按下正确的密码才能打开个人物品柜。

就算得手,小偷还需要拿着我的钥匙回到我的公寓,从我凌乱的卧室里找到我的车钥匙,再到我停车的地方。

而那天,我并没有把车停在小区里,而是停在了两条街后面的停车场里。因为长假将至,我不希望到时候要花上半个小时才能从拥挤的小区里开出来。

所以小偷需要知道这么多详细信息才能偷到我的车子。而我周围,并不存在这样一个对我如此了如指掌的人。

杨警官问了我最后一个问题:"为什么不报案?"

我只是摇头,什么也不回答。他注视了我良久,长长地叹出一口气,将两张照片并排放在我面前。第一张是我搂着安安站在景区门口照的,那时候我们两人都笑得无忧无虑。另一张,是安安的死亡照。

我狠狠闭上眼,死亡的画面像细细的钢琴线,带着骇人的弹动声,悄然钻入我的身体,缠紧了我的大脑。

"希望你多看看这些照片,再好好考虑是不是要跟我们合作。"

我沉默良久,再次睁开眼睛,直勾勾地注视着他。

"警官,我真的什么都没有看到。"

相框&警告的字条

走出公安局,阳光正烈。我抬起手捂着眼睛,茫然地听着安安的父母声泪俱下的谴责。

似乎有人在大街上疯狂地捶打着我,我摇摇晃晃地站着,不还手也不躲开,仿佛只有这样才能暂时忽略心里的那股苦痛。它似乎早已潜伏,伺机而动,顷刻席卷我的全身。

我感到十分疲倦,无力辩驳。

安安的父母被人拉走了,我隐约听见有人骂我是人渣。我轻轻笑了笑,也不知道他们看见了没有。

杨警官一定会派人跟踪我,所以在世界上,我谁也不能信任。我需要安静地、悄然地自己弄清楚事情的来龙去脉。

我缓缓地走回公寓,摸出钥匙,开了门。小咪扑上来,舔着我的手心。现在只有它还陪着我。我揉揉它的脑袋,将它放回了摇篮里。我问它:"小咪,你说我是不是个好人?"它打了个哈欠,转过身去继续酣睡。

我苦笑了下,回到房间里,关上了门,取出一直妥善收藏着的我和安安的相框。我一边看,一边回忆着过去:生气的安安,微笑的安安,狂欢的安安,我的安安。

我狠狠地握住相框,而后发狂地将它砸在墙上。玻璃裂开了,和我的心一样。我的眼泪终于掉下来,不受控制地倾盆而下,模糊了视线。

就在我放声痛哭的时候,泪眼朦胧中似乎产生了幻觉,我忽然看见相框里夹着什么。

我擦干了眼泪,将相框拿起来,从它后面取出那张纸。

那纸好像是随意从台历上撕下来的,上面用铅笔很潦草地写着几个字:"不要带安安去天文台!"

我愣住了,猛地站起身,四周看了一圈。房间里静悄悄的,没有声息,并且,没有铅笔。我从来不用铅笔。

我捏紧了那张纸。无论那字迹多么潦草,我都认识它。

那是我自己的笔迹。

我攥着那张纸条,坐了一整夜。窗外灯火辉煌,仿佛是另一个世界在狂欢。

这一切都与我无关。

我用力地看着这张诡异的纸条,伤心暂时被无法名状的恐慌所替代。到底是什么时候写的?

我的记忆仿佛缺失了一块,有什么很重要的事情被我遗忘了。

但当我仔细画完当天的时间图后,发现:自己的时间表完整无缺。那么到底是什么地方出了问题呢?

我不明白。从安安死亡的那一瞬开始,我就有无数的问题想不明白。

我撕掉那张纸丢在一边,重新抽出一张。我知道警察们会在我不在家时偷偷进来,所以为了不留下笔迹压痕,我没有把纸垫在任何东西上面写时间表。

九月二十九日，我约安安去天文台，准备向她求婚。

九月三十日，为了准时下班，我关机一整天专心工作。中午十二点，我和专门来看我的安安去吃了顿午餐。一直到晚上八点，我才开机和安安吵了一架。之后我在街上闲逛，九点钟决定去找安安。九点一刻，我打通安安的电话，我们和好如初。然后在九点四十五——我的手哆嗦了一下，在纸上写下我最不愿看到的几个字，"安安死亡"。

也就是说，全天之内，我并没有回家，更不可能写下这张纸条。话说回来，我又有什么理由要用警告的语气告诉自己，不要带安安去天文台呢？

这就好像——好像我早就知道车祸会发生一样。

我忽然想起了那天我看见的，然后又想起了杨警官问我在电影院的求婚进行得如何。我之前一直没有思考这句话的含义。但事到如今，一切不合理的事情都冲入了头脑。

我和安安吵架的起因就是她忽然问我电影票有没有买好，然后坚持说是我改变了行程。

杨警官也问我电影院的事情。

这张纸告诉我不要去天文台。那么也就是说，此时此刻的我不知道的某个时刻，有另一个人，冒充了我，告诉安安改了约会的地方；也告诉了杨警官，我要去电影院向安安求婚；甚至还抽空给我留下了纸条，企图阻止我去天文台。

如果是那样——如果是我想到的那个理由……但除了这个理由之外，我找不到别的解释。

我绝对不是个神经病，也不是个热爱幻想的家伙。按安安的说法，我有时候木讷得让人觉得无趣。

所以这根本不可能是我罗曼蒂克的天性在作祟。

在我灵光一闪想到这个可能性时，身体里所有的鲜血在一瞬间被恐惧冻成了冰渣儿，因为如果是这样的话，那就是说——我并不是永远失去了安安。

一想到这层，那些恐惧如沐春风般发芽生长，变成了让人想要奔上天台对着天空疯狂尖叫的惊喜。

我死死地咬住食指第二个关节，握着笔的手不断颤抖，怎么也停不下来。

随后，我摸出打火机，点燃了这张纸，我不能留下任何证据。

我决定去查相关的资料。

只要想到安安还能重新依偎在我怀里，我就像活过来了一样。被她的死亡割掉的那块心，又一点点重新长了出来。

我慌慌张张地抓过钥匙，带倒了椅子，椅子和地面碰撞出巨大的声响，甚至还扯断了台灯的电线。小咪被我惊醒了，在外面使劲挠着门。房间里一片漆黑。在这漆黑中，我不经意间瞥见了窗户上自己的影子。我愣愣地看着那个影子，他双眼瞪圆，头发凌乱，胡须拉碴，颓废厌世，眼神里却透出狂热的光芒，就像疯子一样。

肇事者 & 我自己

我在图书馆里泡了一整天。借书的女孩盯着我，眼神怪异。

我瞥见她手边的电脑，上面开着微博。我知道这件事情已经被媒体和警方有意无意地泄漏给了大众。

我不肯给他们有用的信息，他们自然要找另外的办法对我施压。

安安的母亲在电话里对我声嘶力竭地叫骂，失去了平时温柔婉约的气质。我沉默地听她骂我是负心汉，直到电话没电，自动挂断。

我埋头在图书馆，不想理会外界的所有声音。

我知道不远处有人盯着我，他们始终觉得我和凶手有什么不可告人的关系。我也希望真是这样。

我翻了很多同类的书籍，看那些平常人无法想象的事情的记录。越看越觉得心惊胆寒，越看越觉得我的设想是有可能的。

如果我的想象是真实的，那么我的生命，从昨天那一刻起，其实也跟着安安一起结束了。

没有未来，没有过去，只是机械地生存在这个地方而已。

第二天下午左右，终于看完了所有的东西，我从图书馆出来，外面阳光猛烈，直射人的眼睛。

我一阵头晕目眩，蹲在地上稍微稳了一会儿，才慢慢站起来。

这个城市还是和原来一样运作着，丝毫没有因什么人的离开而变得有什么不同。

我来到公司，对那些好奇又鄙夷的目光视若无睹，直接走进了主管的办公室，交给他一个信封。

"我辞职。"

主管停下手边的工作，有人故作淡定地经过门口，偷偷往里面窥视着。我盯着主管的眼睛，一直到他深深地叹气："吴可，你需要休息。"

他咬了咬牙，还在犹豫，而我已经做好了破釜沉舟的打算："不，我辞职，就今天，这个月的工资我不要了。"

"你何必……"

我摇摇头，没等他说下去，转身就离开了办公室。门口聚集的人们迅速让开，各自慌张地掩饰刚才的偷听行为。

我一边接受众多异样目光的洗礼，一边目不斜视地走出大楼。

我还有更重要的事情要去做，在那之前，我需要好好休息一天。我来到了天文台。这里已经被打扫干净，完全看不到当日车祸的痕迹。我仰起头看着那个本该见证我们订婚的高楼，双手插袋。就在这个时候，身后有人叫我。我回过头去，姓杨的警察来到我面前。

"麻烦你，跟我们回去一趟。"

他皮笑肉不笑地对我开口。

第三次坐在公安局里，我的心情已经趋于平静。我看着杨警官，他显然一筹莫展。

"为什么辞职？"

"警察也开始管这些事情了吗？"

"我们不管别人辞职与否，但你不一样。首先，你作为目击者，不肯指认杀害了你女朋友的司机，甚至企图掩盖自己当时在场，已经很让人怀疑。而后，你又若无其事地出现在上班地点，不顾舆论。最后，你现在这么急匆匆地辞职，难道是想逃跑？"

我歪歪头看着这个被逼到穷途的人，我并不想嘲笑他，可还是忍不住露出了一丝笑意。他们都不理解。

杨警官显然被我的笑容触怒了。他狠狠地砸了下桌子，起身盯着我，虚张声势地想从气势上压倒我。

"严肃点！回答我的问题！你辞职是为了什么！我告诉你，已经有个环卫工人来举报了，说在事发当天的中午，看见有人鬼鬼祟祟地跟踪死者，她很确定那个人就是你！"

"你是说，我和安安约好吃午饭的那天……有人看见我了？"

"她可没说你和死者在一起。她说你是鬼鬼祟祟地跟在受害者后面,还化了妆。受害者当时和别人在吃午饭,太远了,她看不清楚那个人究竟是谁,但可以肯定,是一个男人。"

我的脸色变了变,他明显意有所指。

杨警官脸上露出一抹胜利的微笑:"我们的推断是,你发现女朋友和别人有染,气急败坏,所以……"

"所以和什么人合谋杀了安安?"我歪歪头看着他,"警官,你的想象力就只剩下这一点了吗?我告诉你,安安不会背叛我,我也不会背叛她。"

我深吸了一口气,证人的话再次确实了我的猜测:"辞职只是因为我不想做了,就这么简单。"

我叹了口气,看着他,他额头的青筋隐隐浮现。

在他濒临爆发边缘时,我开口:"杨警官,你知道平行空间的理论吗?"

他一愣,我没给他接话的机会,兀自继续下去。

"科学家们认为,我们的时间是恒定运动的,就像直线一样无限延展。而在这无限延展的时间中,存在着不同的平行空间。也就是说,此时此刻,也许在另一个空间里,也存在着这样的我和你,进行着相同的事情。"我顿了顿,低下头,看着自己的手指,"但是,如果其实是反过来的呢?也就是说,在一个固定的空间里,其实存在着不同的时间段,人们在不同的时间段做着不同的事情?如果受某种外力影响,比如流星雨什么的,地球的磁场发生了扭曲,本该首尾相接的时间段发生了断层,重叠在了一起,会发生什么?"

他的表情越发复杂起来,我吞咽了下,嗓子干涩得厉害。

"说得简单一点,我在前一个小时,站在大楼下面。而这一个小时,则坐在这里和你说话。如果有什么外力影响了这段时间的磁场,让这两个小时在某个相同的空间里重叠了，会发生什么事情？"

我顿了顿，点点头。

"对，也就是说，如果这样的情况发生，在某个相同的地方，会出现不同的两个你，和不同的两个我。一对在大楼下对话，另一对在审讯。"

杨警官嘴角的肌肉抽动了下，他往后一靠，坐回了椅子上，注视着我，分析着我脸上的每一个表情。

之后，他从鼻子里哼着嗤笑出声，丝毫不掩饰自己的不屑。

"你不信？"我歪歪头，"这些事情都发生过。巴西的一个女子，因为受不了家庭的束缚选择自杀，死前她告诉别人，自己会在另一个城市的某个人家以某个名字诞生。她死后十个月，她指定的地方果然诞生了她预言的小孩。难道是她会通灵吗？不，她只是看到了在未来这个时间段里会发生的某件事情而已。美国一个女孩死后，家人将她下葬。一百来天后她复活，事无巨细地描述了生活于几个世纪之前的某个人的生平。难道她和上帝对话了吗？不对，她只是在死亡时接触了某种物质，从而看到了那段时间。还有……"

"你的意思是，一个从别的时间来的家伙撞死了你的女朋友？"

杨警官没让我说下去，挥挥手，不耐烦地打断了我的话。我耸耸肩。

"我没有这样说过。如果没什么事，我想走了。"

他没有理由扣留我，我知道。杨警官前倾着身子，轻轻捏住旁边的那盏小灯，缓缓地把灯头抬起来，直直地照着我的脸。

我被那光线刺得有些难受，眯上眼睛，偏开头，还用手挡着。

他咬着牙对我开口。

"我不管你是不是个疯子，我会一直盯着你，寻找所有证据，直到你露出马脚，然后逮捕你和你的同党。"

我放下挡在眼前的手，回看着他，笑起来。

"啊，那么祝你成功。"

我从警察局走出来，已是晚上。我很饿，急需补充能量，因为接下来还有很多事情需要我去做。

刚才我在警察局已经把所有的原委说了个清楚，可惜他不相信。

我知道，没有人会相信我，除非他们和我一起经历同样的事情，看见同样的人。

是的，那一天，在车疾驰而来撞飞安安的一瞬间，我清楚地看见了凶手的长相。

那个人就是我，尽管苍老，但我依旧一眼认出了自己的样子。

我在我的眼前，杀死了我深爱的安安。

流星雨 & 平行世界

从图书馆那些书籍的记录中，我发现：所有这样的事情发生时，都伴随着某种奇怪的天象，比如小行星的坠落，比如地球轨道的偏移，比如流星雨。

而我之所以还有希望，是因为我想明白了两个问题。

第一，那个写纸条的人一定是在某个时间段里存在着的，知道这起车祸，并想方设法消除这场车祸的我。那么也就是说，在车祸之后的某一个时间，我有能力回到过去。

第二，那些莫名其妙的预感也好，似曾相识的感觉也好，都提醒着我一件事情：我曾经经历过这一切。

我拿出那枚我准备送给安安的戒指仔细地看。戒指的内圈刻着我和她名字的缩写——"W&A"和"eternal love"——永恒的爱。

这个世界上没有任何人知道什么是永恒,在这之前,我也不知道,单纯只觉得这个词好听而已。可我现在知道什么是永恒了,至少对我而言,今天就是永恒,这个时间段无限循环着,我被困在其中。

我在这一段时间里已经来来去去很久了,也许只有一两次,也许已经有无数次了。

也就是说,如果把这些重叠的时间段展开,平铺成一条,就是所谓的永恒。而我则永恒反复着一个时间段,就为了安安。

我从不知道自己是一个如此深情又浪漫的家伙,可一切仿佛都理所当然。我需要用这些不同的重复时间段告诉安安,我爱她,就像我在戒指上宣誓的那样,尽管她可能永远都不会知道。

如果我能回到过去那段时间,就说明在时间的缝隙中,有一个不为人知的断层。然而最让我担忧的是,在那个时间点之前,自己就死了。

我思考了很久,觉得这一切的起源都在天文台。我需要在天文台静观其变。

我抱着孤注一掷的心理,回到了天文台,天知道我费了多大的勇气去重新面对这一切。

我遇到了安安的父母,他们仇视我,骂我是"疯子""冷血凶手"。他们使劲推搡着我,想让我离开。我坚持不走,就在安安出事的那条街上来来回回。

我知道在某个时刻,我会突然回去。时间只有一瞬,我不能错失良机。

我不断地来回走着。街坊将我当成神经病,经过我时都窃窃私语。我紧密地注视着天空的每一丝变化,从白天一直等到了夜晚。

后来我实在累了，干脆坐在了安安死的那个位置。

我伸出手摸着柏油马路，闭上眼睛，那一刻我甚至能感觉到安安的生命是如何流逝的。

我就这样等了很多年，也许十年，可能更长。

我找了新的工作，白天上班，晚上就过来。我从未这么执着地做一件事情。安安的死在人们口口相传中很快失去了新意，被他们抛之脑后。后来，播报安安死亡新闻的电视台女主播找到了我。

她握着我的手一直问，我是否还记得她，她说，那天是我给了她和母亲最后说话的机会。尽管我根本不认识她，但她一定要让所有人知道我是好人。她告诉我，她会帮助我，于是之后她就将我的行为放在网络上，用优美的辞藻为我辩解，又引起了一阵轰动。

我从一个背信弃义的小人摇身变成了绝世的情圣。人们对你的好恶评价总是随着时间的推移而迅速地变化着。

只有小咪对我一如既往，我一直是当初那个收养它的人。只有它让我确切地感觉到我的时间停止不前。

这条街经历了一些改建，天文台在两年前搬迁了，这给我带来很大的便利。因为从那以后，很少会有人再过去打扰我。

我捏着相片，里面我从后面抱着安安，笑得无忧无虑。

我终于明白了另一个自己为什么会选择把纸条卡在相框的后面，因为这么多年来支撑着我的唯一东西，就是这张照片。

杨警官似乎升迁了。最终，他还是没能侦破案子。

很久以前，他就不再纠缠我了。我可以专心地在每个夜晚来到这里，坐在地上，缅怀我和安安的一切。

我所期待的事情，一直没有发生。一直到某天，我听见电视里说，近期会有另一场流星雨经过地球。

那一刻，我默默地关上了电视，坐在这间空了十年的房子里，将自己整个人蜷缩起来，狠狠地、拼命地哭泣。

我太累了，等待了这么多年，失去所有的朋友、信仰，甚至生活的乐趣，但我无法放弃。只因为那天晚上安安站在街对面朝我微笑时嘴角扬起的弧度。它如此鲜活地刻在我的记忆中。

在我等待的这些年里，安安是否一直、一直重复着那场死亡呢？她又承受了怎样的惊惧？

只要想到这个问题，我全身每个毛孔都散发出沁人的寒意。

在预告的流星雨当晚，我来到街上，一直等到了午夜。街上静极了，没有人，没有路灯，没有车，没有小咪。十年来一直陪着我的小咪在前天离开了。世界上真的只剩下我一个人了。

我在地上撒了把小咪最喜欢吃的猫粮，轻轻开口。

"小咪，我去把安安姐姐带回来，我也把你带回来。你等着我。"

我抬起头往街头、街尾看去，黑洞洞的，像极了可以吞噬一切的黑洞。

我记得，书上写，科学家们认为黑洞是有生命的。我打了个寒颤，有生命的街道，这多么可怕！

在悄无人息的凌晨，某种不明物质会偷偷地在这条街道上滋生繁衍。

我想闭上眼睛，却又害怕闭上之后会错过什么。天空中划过第一颗流星，美得让人几乎潸然泪下。

安安说过，对着流星可以许愿。我仰着头对着天空大声喊着："让安安活下来！让我带着安安和小咪一起回来！"

天上没有传来任何回应我的声音，只剩下那种既期待又畏惧的感觉一直跟着我，仿佛要跟我到永远。

而后，就在我的手表发出一声轻微的"咔嚓"声时，我觉得后腰被什么东西狠狠地撞了下,不由自主地朝前方扑了下去。

穿越&十年

"先生?先生,你没事吧,先生?"只听什么人在耳边嘀咕。

我头痛欲裂,觉得身体很热,就像差一点要融化了似的。我用力睁开眼睛,只见一个带着口罩的环卫工人站在我跟前,担心地盯着我。

我愣了两三秒,伸手捂着眼睛,天空晴朗、烁日高照。

耳边传来车水马龙的声音,我呆呆地转过头去看,自己站在大街正中央,环卫工人轻轻拉着我的袖子询问着我。我低头瞅着她,她戴着口罩,眼睛里透出担心。

"现在——什么时候?"

"差十分钟到十二点。"

她抬起手腕看了看表,回答我,接着还很担心地继续开口问。

"先生你真的没事吗?"

"十二点……十二点……"

我木木地想了会,发现自己口干舌燥。

"请问,现在是几号?"

"九月三十号啊,您——怎么了?"

她似乎觉得我的精神不大正常,稍微往后退了两步。我瞠目结舌地看着她,半天无法吐出一个字来。

我回来了。

我又来到了这个时间段,这个——安安还活着的时间段里。

尽管我无数次地告诉自己这一定会发生,但现在真的回来后,我却不知所措。这些年来我脑子里不断回放的是那天的时间安排,我记得每一分钟发生的事情,甚至精确到了秒数。我抬起手摸着自己的下巴,胡须拉碴,面容也一定憔悴,就像当初杨警官形容的那样。

我静静地摸了很久,然后捂住眼睛。环卫工人的话不断地在我耳边响起,我却无法识别她的语言。我全身每一个细胞都饥渴地要寻找安安。这条街的每一处景致都如此熟悉,这么多年来,我反复经历着和安安在一起的事情,企图将它们全部刻入骨血。

我想,我大概是疯了。

我转过身,疯狂地朝那天我和安安吃午饭的地方走去。环卫工人的声音在身后响起,我没有时间去理会她。

我一直走,朝着目的地笔直前行。过马路时车辆响起了刺耳的喇叭声,让我退后两步,忽然清醒起来。是的,这只是一个开始,接下来的半天时间,才是救回安安的关键。

我需要冷静地制定计划。

我整了整衣服,慢慢走过街去。

我不能突然出现在我自己面前,因为另一个我和其他任何普通人一样,根本不可能接受这种荒谬的理论,所以我只能从安安入手。为了防止之前可能出现的无数次失败的发生,我需要留下一些线索给今后的我。

所以我能够运用的时间就是从我离开办公室到车祸发生的那几个小时。

而就在我一边奔走寻找安安,一边思考计划的时候,安安就这样毫无预警地出现在我的前方。

她穿着及膝的裙子，素色，上面绽放着花和藤蔓。她微笑，优雅地握着筷子，偶尔侧过脸看看落地玻璃外的世界。

我浑身颤抖地盯着她，还有她对面的自己。

她的笑容甜美又安静，就像我梦中无数次见过的那样，没有丝毫的做作。

我用力盯着他们看了很久，贪婪又热切，直到他们买单离开。环卫工人不辞辛劳跟着我过来，皱着眉看着我的动作。我仰起头，看着天空，努力平复着呼吸。

可就在这样阳光灿烂的午后，为什么眼泪却一直流？

我跟着另一个时间里的自己，来到了过去的那家公司，看着他和所有人打着招呼，进了大门。我不敢让太多人发现自己，以免引起不必要的麻烦。

我背靠着公司的墙，低着头。我已经很久没有抽烟了，可今天我一根接着一根地抽着。

我仍很难相信自己回来了，只能跟着直觉一步步前进，也不知道最后会到达什么地方。

就在我胡乱丢掉第四个烟头时，忽然有个人在身后拍了我一下。

我猛地回过头去，一个年轻人站在我跟前。

"哇！你怎么成这样了？"

他挑着眉看着我。我愣了愣，忽然想起来，他是陈之效。

"没事，偷闲抽根烟。"

他笑起来，跟着我靠在墙边，瘪瘪嘴，大大咧咧地从我手里抽了根烟过去，点上。

"长假准备怎么过？"

"嗯，求婚。"

"哈？"他一愣，激动地转过身抓着我的胳膊，"兄弟，这么想不开？"

"没啥，该结了，反正这辈子就认她一个人了。"

我笑了笑，低头又抽了口，真辣。

"怎么做？"他来了兴趣，追着我问。

"约她去看电影，电影院跟她求婚。"

"哟，真浪漫。"

陈之效捶了我一拳，接着抬起手表看了看时间，"哎呀"一声，使劲拍了拍脑门。

"我来不及了，我得走了，今天第一次见客户，可不能晚了。"

"嗯，加油。"

我对他点头，看着他急急忙忙离开的背影，掐掉了烟头，转身进了街角的咖啡吧，找个最僻静的地方坐下，叫来服务生。

"给我一杯咖啡，还有纸和笔。"

我画了一张详细的时间轴来规划自己的行动。

首先，我必须告诉安安我们要去看电影。我在未来查过今天的电影时间，最早的一部下午六点开始。

这样就会有两种情形。第一种情形，如果我赶在另一个我做完工作之前把安安带进电影院里，关上她的手机，让另一个我找不到她。我们在电影院里度过一个美满的夜晚，我向她求婚，然后告诉她事情的真相。安安一定会相信我，就好像我无条件信任她那样。

第二种情形，电影计划失败，我就需要在安安出现在天文台之前赶到，阻止她被我自己撞死的惨剧的发生。也就是说，我必须在自己和安安进行了那场关于电影院的无意义的争吵之后，迅速回到公司，找到家里的钥匙，回到家，给过去的自己留下纸条，找到车钥匙，再开到天文台去。这一切都要在一个小时内完成。

我将那张纸揣进口袋里，走到吧台，让服务生把电话递给我。我拨通那个在过去的日子里不断背诵的号码，按下通话。

我的手在颤抖，我狠狠低着头。

"喂？"

安安的声音传了过来。我死死咬牙才抑制了自己惊叫的冲动。我很想咆哮着将一切告诉她，让她知道我已经等了她十年了。我要跟她说，我很想念她。我想知道，她有没有想念过我。尽管这些问题会让她会觉得我是一个疯子。我要告诉她，我爱她，从十年之前到十年之后一直如此。我要和她结婚，生一屋子的孩子，看着我们的孩子抱着我们的孙子，带着我们的小咪一起慢慢变老。

我缓缓吐出一口气，在她怀疑之前用平静的声音开口："安安，我们去看电影吧。"

"不是要看流星雨吗？"

"没，我查过了，今天没有流星雨，我弄错了。"

"笨蛋。"

她在那头轻轻笑了起来。我忍不住也跟着她笑，笑着笑着，我就捂住了自己的眼睛。

我眼胀鼻酸。服务生一边擦着杯子，一边悄悄观察着我，我知道自己的样子相当滑稽。

"那说定了，五点半就到环球影城这边来，我等你。"

"你工作能做完？"

"拼死也得做完，不是？"

"行，到时候我来找你。"

她挂上电话。我盯着手机发愣，直到服务生不大好意思地对我伸出手，我才猛地想起来，将电话塞还给他。

紧接着，我回到桌边，展开纸，继续完善我的时间轴。

我会在九点一刻在天文台碰见安安，之后把雪糕递给她。她还有些生气，可见了雪糕之后，就忘记了刚才吵架的事情。她总是会被这些最细微的小幸福所打动，这样单纯的她也总是能最轻易地打动我。

我们牵着手往天文台上走。可走到二楼，我忽然想起天气预报说今天似乎有雨，于是决定去买把伞过来。我吩咐安安在楼梯处等我，自己一个人冲下了楼，匆匆地跑出街口，那时候是晚上九点二十。

我花了十分钟跑到小卖部，买了伞后回来，时间到了九点四十。然后不久，车祸就发生了。

也就是说，这个时间段截止于九点四十。

我展开市区地图，在上面标注附近的两条道路。一条从街道的左侧进入天文台，另一条路的进口在右侧。

那天的悲剧发生在左侧。我不能重复这个命运，我决定改变一条路线，从右侧开进小巷。

我静静地喝着咖啡，一直到快四点，我收了纸，付了钱，将铅笔揣上出了门。

拯救 & 一生一世

我打了个的士，吩咐司机直接到环球影城。我们奔驰在十年前的道路上，周围的车型车款在我看来是如此老旧和可笑。

在转过一个红灯后,车速慢了下来,前面的车牵成了线。

他按了两声喇叭之后,被彻底堵在了路中间。

我愣住,我从未将路况纳入考量中!

司机探出头去,朝同行打听情况。另一辆红色的车摇下窗户,里面坐着的人懒洋洋地开口回答他:"前面出车祸了,真是。这些人为了过长假,都没命地往外跑。这下好了,还玩个什么啊?直接死在半路上了。"

司机把脑袋缩回来,有些为难地看着我。现在已经到了下午四点一刻,这里距离环球影城还有不少路。

"客人,怎么办?"

"绕路啊!"我急起来。

"不能绕,前几天才改成了单行线,现在也退不出去啊,真倒霉。"

他哑巴哑巴嘴,叹了口气。我心跳顿了顿,掏出张一百的钞票递给他,也不等他找,开门跳下车去。

我拼命地沿路往前狂奔,每一秒都在和死神竞赛,这并不是什么值得骄傲的事情。它充满了恐惧和无穷无尽的忧虑。

我跑得气喘吁吁,心脏像要炸开。堵住的车流绵延出去,像是没有尽头。

太阳在头顶摇摇欲坠,散发出最后一丝的热气。我捂着腰侧,大口喘息,喉咙干燥生疼。

一个警察拦住了我,他皱着眉告诉我不能在道路上奔跑,并向我索要身份证。我说没带,他让我调头回去。我急了,只差给他跪下,拽着他的手一直发着颤,话也说不清楚。

交警被我的样子骇住,又啰啰嗦嗦了两句话,竟放我过去。我咬紧了牙，拖着腿一瘸一拐使劲往前跑着。时间一分一秒过去，没有丝毫静止的意思。

我经过出事地点时，偏头看了看，现场一片狼藉。我闭上眼睛，强迫自己不去联想当年安安趴在地上的情景。

等我跑到环球影城时，已经下午五点了。我挤进卖票的窗口，哆嗦着胡乱要了两张票，再挤出来。

我得在安安给另一个我打电话之前通知她，以免发生那场争吵。

幸运的是，我很快在环球影城旁边找到了一个电话亭。

我走进去，投币。

可不幸的是，就在我将要按号码时，一个女人出现在了电话亭外，含着泪看着我。她的头发有些散乱，脸上的妆花了，虽然和在电视上播报新闻时的精致有天壤之别，可我还是一眼就认出了她。我僵硬在原地，无法动弹。

"先生，我妈妈好像出车祸了，能不能让我先打个电话去问一下？"

她颤抖着，双眼充满绝望。

我困难地吞咽了下。我在她的眼里看到了当年的自己，然而我还有机会，她呢？她也许永远也不会再有这样的机会了。

我没有犹豫太久，从电话亭里退了出来，让她进去。

她没有跟我说感激的话，只是急匆匆地按下号码。我沉默地站在外面盯着她，一分钟后，一阵撕心裂肺的哭号声响了起来。

我沉默地背过身去，朝自己公司走去。

电影的计划是行不通了，我需要进行下一步计划。我走了没多远，有人从后面拽住我的衣角，我回过头去，一位姑娘满脸泪痕地看着我。

"先生，谢谢你，你是好人。"

我愣住。看着她捂着脸哭泣着离开,我忽然觉得这个世界很玄妙。因为很早很早以前,一个叫"佛"的人就告诉过世人,一切都是因果。

我往公司走去,迅速在脑子里形成了第二套方案。如果这一切都是因果,那么我势必可以通过改变中间某个"因"来改变最后的"果"。

回到公司时,已经是下午六点多钟。安安应该和另一个我发生了争吵。她会觉得我是个神经病,不断改变计划。

我蹲守在公司门口,静候自己出来。

过了很久,在我双腿开始隐隐发疼的时候,我看见了另一个我。

这是我第三次看见他,穿着被安安收拾干净的衣服,脸上带着隐隐的怒气。我很想冲出去揪住他的领子骂他一顿,告诉他,这个世界上最幸福的事情是知道自己爱的人一切安好。只是这么简单,别的东西都无所谓。

为什么他不明白?为什么当初的我不明白?

我注视着他离开,忽然脑子里一个闪念,我觉得似乎有什么地方不大对劲。似乎还遗漏了点什么,可我怎么也想不起来,也没有时间去想。我摇摇头,闪身用平静的姿态回到公司。我避开了同事们的视线,来到自己的储物柜前面,密码是安安的生日加"1314"——一生一世。

原来的我,不懂什么是一生一世,却总喜欢滥用这个词。直到如今,我才明白,这个词有多重,并不该被随口许诺。

柜子打开了,我找到了家里的钥匙。

我出了公司大门,外面的天暗了下来。我深呼吸一口气,急匆匆地往家里跑。

屋子和十年后一模一样，冷清冰冷。不同的是，现在还没有任何死亡的气息。

我把卧室仔细搜查了一遍，从散落在地上的衣服口袋里找到了车钥匙。

我盯着那串钥匙看了会儿，我没有太多时间再去感慨什么。

我掏出从咖啡吧买来的铅笔，随意撕下一张台历，在上面写了几个字："不要带安安去天文台。"

那天我一直关着机，所以根本没有机会打电话来警告自己。

我没有时间长篇大论把事情写个清楚，只能寄希望于此。

我把纸塞到了相框后面，然后轻轻地亲吻安安的脸颊，希望她在某个时间段里，可以亲眼看见我的心情。

我出了门，上了锁。

我轻车熟路地来到停放汽车的地方，跟管理员打了声招呼，他如平常那样叫我"吴先生"，带着浓浓的江浙口音。

不知为什么，此时此刻，我被这又熟悉又陌生的声音温暖了。

我展开地图，带着最卑微的愿望，开始了最后的狂奔。

结局 & 最后的爱

我的计算是正确的。好像千百次的永恒反复，终于让我拥有了正确的判断。我挑选的道路畅通无阻。

我在计算的时间之内，赶到了现场附近。

我没有立即进小巷去，我的心脏不停地鼓噪着。我在想，自己究竟应该怎样和他们解释，解释完了又会发生什么事情。

现在是晚上九点二十八。离事发的时间,只剩下五分钟了。

安安站在小巷的那一头,而另一个我,此刻应该正朝这边狂奔。我深深地呼吸,匀匀呼出,然后启动了车子,朝着右侧的入口开过去。

我马上就能见到安安了。我要用一切办法让她相信我,让那个我相信我。我要赶在流星雨结束之前回到未来,回到那个拥有安安,拥有小咪和一切正常生活的未来。

我踩下油门。

就在这个时候,我的眼前忽然闪过一道白色的影子,停在了路中间。

那是小咪!我张大了嘴巴,使劲喊出它的名字:"小咪!"

小咪抬起头看了我一眼,我已经来不及刹车。但不能这么眼睁睁地撞上去!于是我使劲转过方向盘,车轮摩擦地面发出刺耳的噪音。紧接着就在下一秒,车哐当撞上了一个人!

我趴在方向盘上,晕头转向。

内心忽然涌出巨大的疼痛和恐慌。安安!我难道又失败了吗?怎么可能?!我颤抖着抬起头来看,远处传来一声我这辈子听过的最为惊恐和绝望的尖叫。

远处的安安站在那里,脸色煞白,手里的东西掉在了地上。

我慢慢直起身子,不祥的预感随着我每一厘米的抬头而以次方的速度增大着。而后我看见了地上的那个人。

他侧着脸躺着,已经没有了呼吸。

他的眼神迷茫,身体浸染在一片血泊中,衣服脏乱,肢体扭曲。

那个人不是安安,而是我自己!

我张大了嘴,只觉得喉咙被人扼住,难以呼吸。我无法理解眼前发生的事情,只听见从身体内部传来破碎的声音。

我机械地倒车，慢慢将车调头。

我要回去再来一次。嗯，我可以再等十年，然后再来一次，下次一定可以的，下次……

我慢慢停下了车。

我注视着后视镜里的自己，脸色苍白，神情绝望，嘴角挂着怪异的笑容，无法抹去。

我知道不可能了。

我杀死了过去的自己，也就是说，未来的自己——现在这个我，也将消失了。

但是，难道我的宿命不是回来拯救安安，而是拯救小咪？我迷茫了。

身体里的温度在急速地下降，我从后视镜里看见安安扑过去，死死搂住地上的那个我，痛哭失声。小咪从那个我的怀里跳过去，走到安安面前，"喵喵"叫了两声。

安安失魂落魄地看着小咪，对着它伸出了手。

我的身体开始变得透明了。我盯着自己的双手，忽然明白了这一切的意义。

我舍不得安安，所以拼死也要回来找她。如今我终于找到了她，救下了小咪，今后会有小咪替我陪着她。流星真的实现了我的愿望，即使滑稽又讽刺。

我看见安安带着仇恨的眼神一步步朝这辆车走过来，小咪跟着她，眼里带着困惑不解的神色。它一定不懂，为什么会有另一个我突然出现，躺在地上的那个人又究竟是谁？

安安不会看见我。因为我就要消失了。

我杀死了过去的我，那么未来的我也将不复存在。

我安静地靠在椅背上，等着安安过来，查看这个空无一人的车子。天上划过流星,街角的路灯闪着迷眼的光,安静又温暖。

我慢慢地对着那光伸出手去,我看到了这辈子最后一个落在虹膜中的东西。

那是一只被血弄脏的戒指,内圈写着——

W&A eternal love

画中人

分手，反目成仇、阴阳相隔，这都不是最可悲的。你我之间最可悲的是，爱恨早已烟消云散，连过往都已不复记忆，仅剩人事轮廓在心中。

起

听冯安华把话说完之后，我浑身僵硬得几乎不能动弹。他沉重的呼吸在电话那头起伏着，仿佛感染了我此刻的震惊与不解。

良久之后，我的魂魄终于回到身体里。我颤抖着用一种几乎要把它捏碎的力道抓紧手机，缓缓开口："你说，'死了'，是什么意思？"

冯安华顿了良久，那千年不变的音调重新响起，再次复述了这个我根本不想听见也从没有料到的消息："我说，'她死了，死了很多年了'。"他一停，像要我彻底死心那样继续补充了一句："二〇〇四年就死了。"

死了，死了？

死了是什么意思？

我上一秒还期待着能再次见到她，我甚至准备了那么多的话想跟她说，我还幻想着是不是能有重头来过的机会，为什么冯安华会说她死了？

如果她死了，那么那个盒子，盒子里的录音、信件怎么会存在？这些年她断断续续和我保持着联系，这又怎么可能发生？

那个几次出现在我身边，又突然消失的小孩又是谁呢？

"冯安华，你弄错了。"

在想了一遍之后，我得出结论。血液回到我的心脏，顿滞的心跳重新启动，温热的液体又从头灌到了脚。

我长长地喘息，紧张地等着冯安华的回应。

那头传来几声敲击键盘的声音。过了一会儿，冯安华带着寒意的语调重新透过我的手机传到我的耳朵里："她死了，至少我的档案里是这么记录的。至于究竟发生了什么事情，我不清楚。我把照片发给你，你自己看看。"

过了一两秒，我的手机"叮"地响了一声。我哆嗦着点开了彩信，照片里面的许诺静静地闭着眼睛，耳边挂着写着她名字的吊牌。

虽然她的容貌已经有些改变，额上有一条弯曲盘亘的伤疤，但因为经过了殡仪馆人员的修饰，我还是一眼就认出她来。

那吊牌上写着触目惊心的字句——

死者：许诺

死亡原因：车祸

死亡时间：二〇〇四年七月五日

突如其来的访客

事情得从几天前的一个晚上说起。

二〇一二年七月七日。

那天快凌晨两点时,我才赶了趟夜机回到家里。我在外省连续作战了半个月,终于拿下了合约的谈判权。到房间后,我整个人累得不想动弹,把东西往地上随便一丢,倒在床上连翻身的力气也没有了。

当时房间里很空,一切都和平时一模一样,墙上的摆设、床铺,甚至连我离开时随意丢在床脚的枕头也没有丝毫移位。

墙上的钟滴滴答答地走着,我揉揉眼睛,鼻子里钻进灰尘的味道。这一切促使我在睡着前兴起一个念头:等事情结束,一定要给自己放个十来天的长假,再抽点时间打扫一下这间总是空着的屋子,去去晦气。

等我醒过来时,太阳已经升到了天顶。手机闹铃没响,我按了几下也没反应,好像莫名其妙地坏了。

我抓抓睡成鸡窝状的头发,到盥洗室洗漱。

镜子里现出自己顶着对鱼泡眼的落魄样子,我摸了摸下巴上的胡茬,取出刮胡刀细细处理。最近总感觉自己老了,体力也不如年轻时候好。只要熬一两天夜,就浑身不对劲,哪都难受,连胡茬也蹭蹭地往外冒。

我眯着眼睛看着自己,忽然觉得有点泄气。都快三十岁的人了,家没成,工作也就那么回事儿,天天累得跟狗一样。小年轻们天天吼着的所谓"梦想"啊,"激情"啊,"青春"啊,全都被我裹着丢进了太平洋,只会踩着自己的节操对各个公司迎来送往。

我叹了口气,正沉浸在无法自拔的伤春悲秋时,一阵"滋滋"的电流声响了起来。那声音极短,就像打电话时偶尔出现的串音,忽然出现,又忽然消失,清晰可闻。

我的手顿了下,下巴被自己拉了条小口子。我一疼,"嘶"地倒抽了口冷气。一丝殷红若隐若现地浮现在我的脸上。

我侧耳听了会儿,房间里静悄悄的,只有我自己的呼吸。

我放下刮胡刀,走到客厅。积灰的电视安然立在桌上。客厅窗帘不透光,房间显得灰蒙蒙的。我在房间里转了一圈,看了看,没有开任何电器。我顿了两秒,挠挠头,确定自己刚才出现了幻听。

就在这时,门铃响了。

"叮咚","叮咚","叮咚",三声。

我抬头看看钟,十一点一刻。自从工作之后,我和以前的同学渐行渐远,一个个都断了联系。职场无友情,一是忙,一是竞争惨烈,所以根本没什么朋友。

所以这个吃饭的点,到底是谁来找我?

我走到门口,从猫眼看出去。一个戴着棒球帽,身穿纯白色T恤的小孩站在外面,手里还捧着一盒,里面不知装着什么东西。

我没有动,只见他又抬起手来,使劲在门铃上按下去。

"叮咚","叮咚"。

我给他开了门,正准备问句"什么",那孩子忽然把手里的东西往我怀里一塞,转身跑了。我有些发愣。也许是因为困意还没彻底消散,脑子反应迟钝,所以半晌后我才醒悟过来,追着出去看了两眼,街上是如往日一般川流不息的人群,我看了一圈四周,根本没有那孩子的身影。

我仔细回忆，总觉得那孩子有几分眼熟，可怎么也回想不起他的样子。

我回到家里关上门。手里的盒子有些破，轻飘飘的。我举起来晃了晃，里面发出"哗啦"的声音。

我撕开包着盒子的报纸，找来剪刀从盒面上剪了条缝，把盒子底朝天往外面一倒，倒出一盒磁带，还有一个信封。

我俯身去看，信封里露出一张照片的角。我抽出照片，才看一眼就愣住了。我已经很久没见她了，看着照片，竟觉得如在梦中，似真似无了。

照片上的人，是许诺。信和磁带，都是许诺给我的。就好像我们才从大学毕业后的那几年，她每个月都会做的一样。

被埋葬的过去

我没有看信，而是把它直接压在了柜子底下。接着我从邻居家借来一台老式的磁带机，开始播放磁带。

在大段的空白和"滋滋"作响的交流声之后，许诺慵懒的声音一如既往地响了起来。

"韩明轩，是我，许诺。嗨，好久不见了，还记得我吗？"

我顿了顿，下意识地站起身来，心脏如鼓槌一般。许诺，许诺，这个名字，这个声音，我到底多久没有听到了呢？

是四年还是十年？时间已经久得几乎记不清楚了。

我重新捡起照片，放在桌上认真地看。她修了个端庄的短发，穿着裙装，妆容清秀。

尘封的记忆被她的音容开启，如破冰后的海水排山倒海地将我淹没。我呆呆地坐着，几乎无法动弹，手不小心碰到了茶杯，水溅出来，发出极小的一声。

我被惊醒，赶紧起身去找抹布。可不知为什么，此刻的一举一动都会让我想起过去。

那时许诺坐在我的前面，她是班里最漂亮的女孩，成绩优秀，人缘极好。我只是个不起眼的小子，沉浸在自己对未来不切实际的幻想里无法自拔。所以当时我只敢跟在她身后偷偷地看着她的背影发呆，当她忽然转过来时，又慌忙地把眼睛移开，装作毫不在意的样子。

我想我和任何一个小透明一样，只敢悄悄把她的样子画在纸上。

一九九七年七月的体育课，是我认识她的契机。一直阴雨连绵的天放了晴，老师破例允许我们去学校的后山自由活动。许诺站在我身边。我当时不知从哪里听来的传说：只要和喜欢的人一起把带着情书的风筝放出去，就可以心想事成。为此我精心准备了一只风筝，翅膀里藏着一封我给她的情书，里面倾诉了我的思念。在信的末尾，我写了一句给十五年后的自己的话——

韩明轩，就算过了十五年，你也要记得，自己深爱过一个叫许诺的女孩。

当时我憋红了脸，问许诺有没有兴趣陪我一起玩风筝。许诺当时诧异地瞪大了眼睛，接着笑眯眯地对我用力点头。

可惜那只风筝刚上天没多久，线就断了。我追着它跑了很久，也没能追上。风筝倾斜着往下掉，很快就不见踪影。

我沮丧地蹲在地上，许诺跟着跑过来，头发汗津津地贴在额上。她对我伸手，笑得好像天使。

我们上完体育课回来，天气越发炎热，把汗水蒸发成一条条的白线，画在人的衣服上。在进教室看见我的那一刻，她眼睛亮了亮，接着扬起笑容，大方地对我打了声招呼："嗨，韩明轩！"

她的声音清亮，让我微微打了个哆嗦。可我那时拙于言辞，对她的主动示好只能回报一个傻笑。

许诺撩开头发，坐下去。我喝着水盯着她的背影，反复回味着她叫我的声音，欣赏着她清爽的身影。她姣好的脖子上的一丝丝纤细的长发，被阳光映得略微发亮。我看得有些发呆，竟没有注意她突然回过头来。

桌上的水瓶轰然被打翻了，水洒了一地。我尴尬地跳起来，正要去捡，她的速度却比我快，将水瓶拾起来，微笑着递还给我。

我怔怔地盯着她的脸，甚至忘了出手去接，直到她说："韩明轩，你怎么了？我脸上有什么东西吗？"

她干净的声音回荡在我的耳边，让我狠狠地打了个哆嗦，不由自主挤出个微笑，拼命摇头。

她"嘻嘻"地笑了笑，摇摇头，又转回去。

我怔怔地坐着，心脏几乎从嗓子眼里跳出来。我继续傻傻地笑着，嘴角的肌肉僵硬得怎么也放松不下去。

那时候我是非常喜欢她的，喜欢得几乎以为自己就像电视剧里的情圣一样，可以为了她放弃一切。

我以为自己已经全部忘记了，忘了许诺，忘了我整个青春的点点滴滴。

"我很期待你的回信，但如果没有时间，就不要勉强，保重身体，那么就这样吧。"

磁带放完，我猛地一个激灵回过神，这才发现我沉浸在回忆中无法自拔，竟一句也没有听进去。

我赶紧将磁带倒回开头,重新按下播放。

许诺的声音和样子一点也没有变,唯一改变的就是发型。我记忆中的她一直梳着一头长发,齐腰,发质纤细而柔软,夏天时蓬松地披在校服外,只有鬓角处被汗水濡湿些许。

我曾长时间地注视她的头发,从一个夏天到另一个夏天,妄想某日可以亲手帮她挽起垂落的发丝。

也不知道从什么时候起,我的幻想中多了许诺的身影。而幻想也终究只是幻想。许诺把我当成极好的朋友,告诉我她所有的梦想,她对未来的憧憬和她那时的烦恼。

我只是她身边的倾听者。当一个女生毫无保留地告诉你她的心事时,她只把你当成了极好的朋友。

我是许诺最好的朋友,至少在我看来是这样的。我从不奢求她会明白我年少悸动的心思,因为我从很小时就明白人生中失望总是大于欢喜。

后来我们参加中考,我拼尽全力还是没能考上许诺读的省重点。

毕业典礼那天,我陪着许诺来来回回走在学校的林荫小路上。她一直说着话,我却没认真听,只是低着头,用余光瞥着她脚下的影子,还有在身边轻轻摆动的手,在心里不断幻想着自己可以去牵一下。

可最后我什么都没有做。我们走到很晚,直到学校关门。

许诺忽然停住脚步,盯着我开口:"记得给我写信。"

其实那时已经有了手机这种方便联络的工具,可也许是少年情怀,每个人还是偏爱书信,总觉得能从亲笔写下的字里行间里,向对方吐露那一丝不可名状的情愫。

"嗯。"

我当时不知怎么回答她,只能像往常一样轻轻地"嗯"了声,并在日后的岁月里坚持做到她随口提起的要求。

许诺的目光如影随形,像钉在我的身上,而后她又开口:"不要放弃自己的梦想啊,大侦探。"

我抬起头看着她,想了许久,说了声:"保重。"那天的许诺站在夕阳下,阳光从她的侧面打过来,她的头发泛出淡淡的棕红,她的睫毛微微颤抖,脸颊带着潮红。我虽不至日日想起那场景,却不曾遗忘,直到今天它又无比清晰地回到了脑海中。

我注视着眼前照片中已经长大成人的许诺,当年分别的场景历历在目,叫人恍如隔世。

"那么久没见,不知道你是不是还和以前一样沉默寡言呢,大侦探?"

我摸摸脸,轻轻笑起来。小时候我梦想当个侦探,虽然走了些弯路,可最后还是得偿所愿。

那时候我经常在课本上涂涂画画,写下一切我能想到的故事。那些东西我只给两个人看过,一个是冯安华,另一个是许诺。

当然给冯安华看完全是个错误,自从看过之后,那小子会在一切场合,想尽一切办法对我进行各种讽刺打击。

可许诺不一样。她发自内心地为我高兴,并且认真阅读我写下的每一个幼稚文字,有时候她甚至会给我写下一两句评语。

当然她不知道,我每天必做的功课就是仔细阅读那些她给我留下的字句,一遍遍揣摩那后面可能隐藏的各种深意。

"这些年,你过得好吗?"

"很好,你呢?"我刚说完,忽然觉得想笑。我就像回到了幼稚的年代,竟会对着一段录音自言自语。

我摇摇头,起身点了支烟。刚要抽,忽然许诺的话又在耳边响起。

"我猜你还是一样喜欢抽烟。对身体不好,还是戒掉吧。"

我愣了会儿,竟遵从她,回到桌边,将烟熄灭在烟灰缸里。

寻找的路途

我花了一个晚上反复听着许诺的录音,在天快亮时,关掉机子。我被一种奇怪的情绪笼罩着,在不明所以的激动中,又充满了淡淡的忧愁和困惑。

既然信封上没有邮戳,那说明许诺就在附近。可为什么她会选择让一个陌生的孩子把东西送给我,而不是亲自来见我呢?

为什么时隔这么久,她又会想起我来了呢?

为什么她现在还是固执地使用磁带录音?

为什么我会觉得那个送信的孩子如此熟悉呢?

我想来想去,决定亲自去找许诺问个明白。我曾经发誓不再纠缠她,尽管现在我已经不再像当初那样爱她,可听到她的消息,我还是会莫名地心悸。

也许这就是所谓的"初恋情结"。男人总会对初恋的情人念念不忘,初恋永远是最好的。

我凭着旧时的记忆,坐了一天的火车,回到被我遗忘许久的家乡小城。城市已经完全变了个样,灯红酒绿,华灯初上,纸醉金迷,感觉就像黑洞一样瞬间能把人吸进去。

我思考良久,站在夜幕中给冯安华去了个电话。等了一会儿,那头直接把电话挂断了。我一怔,赶紧追拨过去。

又两三声，挂了。

我不放弃继续打过去，一声，挂掉了。

我不死心，最后一次打过去，冯安华终于接了："你最好有个理由。"

我小心翼翼地咽了口口水，顶着那头传来的极低的气压，谄媚地笑着开口："那个，冯安华啊，你帮我个忙呗。"

"你得绝症了？"

我噎了下，捏着许诺的照片看了两眼平复心情，继续笑嘻嘻地哀求着："不是，好哥们儿，许诺来找我了。"

"许诺？谁？"

"就是我给你说过的那个，我初恋，记得不？"

我话还没完，冯安华那头发出个了然的冷哼，接着用一种怜悯的语调开口："别伤心，不就是恋人结婚了，新郎不是你吗？自己买点啤酒，喝一晚上，就好了。我先挂了。"

"哎哎哎，别价，你等等，不是这样的，"我赶紧阻止他，顿了顿，"严格来说，不是她本人来找我，是她给我寄了信和磁带过来。"

"所以呢？"冯安华的声音不耐烦起来。

我赶在这小子发飙之前一口气把事情从头到尾说了一遍，声情并茂、声泪俱下地说了一遍我和许诺之间的感情。当然，我也极有策略地隐去了我和许诺那段不愿提起的分开的过往。

冯安华听完我的话，良久之后，长长地叹出一口气："所以你的意思是，想让我帮你查人家现在住哪里，好方便你过去泡妞？"

"别说那么难听嘛，兄弟，我就是想去看看她，也想弄清楚为什么她要用这种方法联系我。"为了增加筹码，我故意压低了声音，"我甚至怀疑这中间是不是出了什么问题。要是她有什么事，而我没帮，我会内疚一辈子的。"

冯安华似乎被我说动了。过了会儿,他终于松了口,不冷不热地回了我一句:"那好,我去帮你查查看。能查到就查,查不到你也别怪我。"

"行行行,我谢谢你了。"

我点头哈腰地挂上电话,长长地叹出一口气,重新拿起许诺的照片,轻轻抚摸照片上她的笑脸。

"许诺……既然当时你已经回绝我了,为什么现在又要出现呢?"

我点上烟,缓步前进,凭着仅存的一点记忆找到当年我们就读的那所初中。学校的大门上爬满了藤蔓,显出了自己的年纪。

教学楼已经不再是我回忆中的样子了。

我站在门外看了一会儿,那条一直通往门口的林荫小路已经不见了。我有些惆怅,转身准备离开,忽然身后有人问:"你是?"

我转过头去,盯着那个老人看了会儿,忽然惊觉他是我们学校的校工,我曾经无数次在翻墙时被他逮住。

我和他面面相觑,愣了许久,接着他有些不确定地喊:"你是……刘……刘……"

"韩明轩。"

老头恍然大悟地"啊"了声,赶紧挤出笑容,伸手拉着我:"哎呀,想不到,居然能再看到你。韩明轩,韩明轩……来,来来,快来坐坐。"

他依旧住在校门口的那栋破房子里。我记得,有一次我受了伤,膝盖蹭破了皮,也是在这房间里简单地进行了包扎。

我跟着他进去,他热情地为我泡了杯茶,坐在我面前开始絮絮叨叨地说起这些年学校的变化。

我呼了口气,活动了下略显僵硬的脖子,耐着性子听着,正努力想着要怎么敷衍他时,忽然,之前那阵不知源头的电流声再次响起。

"滋滋滋滋"！

我顿住，猛地抬起头来看了圈四周。房间里只有钟在沉默地走着，没有其他电器。我掏了掏耳朵，才要说话，那电流声又响了两声。

"滋滋！"

我一下站起身来。老头被我吓住了，抬起头，有些惊愕地盯着我："怎么了？"

"你听，是什么东西在响？"

我皱着眉环顾四周，没有看到任何会发出交流电杂音的物体。

"我没听到啊！"

我"嘘"了声，倾耳仔细听了听："电流声，'滋滋'的，那种交流电串线的声音，刚才响了两下。"

"没有啊，刚才我什么都没听见。"老头的眉皱得更紧，过了会儿，忽然又松开，对着我笑起来，"你这小子，还和当年一样，鬼头八脑的，总想吓人。"

我瞅着他一会儿，再次掏掏耳朵，周围静悄悄的，没有一点响动。我坐回沙发上，暂时压下心中的疑虑，对他勉强笑了笑，起身："我就先不打扰了。"

老头有些遗憾，却也不好继续留我，把我送到门口，叮嘱我以后一定要多多回来，这才转身回去了。

我双手插进口袋里，往前走去。没走两步，在一个转弯口，忽然看见一个影子。

我一顿，有些好奇地走过去瞧。就在我看清那个人影时，我愣住了，是那个把许诺的消息传给我的孩子。

他还穿着那天的衣服，戴着那顶棒球帽。我其实只看见了他一点点的侧面，那弧度惊人的熟悉，可我就是想不起他是谁。

他似乎感觉到我的靠近，就在我想要上前叫住他的那一瞬间，猛地抬腿跑起来。

我怔了一秒，便赶紧急急地追了上去。我本以为会很容易抓住那个孩子，可不管我怎么加速，他总是在我不远不近的前方，还时不时回头看看我，像在确定我跟上来没有。

我跑得气喘吁吁，在下一个转口处，他一闪身，我两步跨上前一看，哪里还有他的影子?!

我撑着膝盖，低着头大口大口地喘起气来。我不明白究竟是怎么回事，那个孩子为什么会突然出现在这里，又为什么要拼命逃跑，把我引到这里。

我抬起头来，有些茫然地环视着，这条街我还记得，可建筑物早已改头换面了。手机突然响起来，我取出来看看，是冯安华。

"喂，查到了?"

"没有，你给我的地址早换人住了，她搬去了哪里，也没人知道。"冯安华冷淡地说出一个让我失望的消息。

我停了停，"哦"了声。他似乎听出我的不满，冷笑地开口："我说你多大的人了，还做这种痴梦。人家早就拒绝你了，你还磨磨叽叽的，干什么?!"

我"嗯"了声，蔫蔫地不想说话。那小子似乎感觉到我的情绪，稍微一停，难得好心地说："那啥，你倒也不用太失望，我这边反正也没事，再帮你打听打听。"

我一听他这样说，立刻像打了鸡血似的点起头，一边点，一边狗腿地连连说"好"。他又笑了笑，沉默许久，才有些不自然地降了个八度："希望能有个好结局。"

"当然、当然。"

挂上电话，我抬起头，这才发现自己已经不知不觉走过了街口，来到一个新的地方。我忽然觉得，如果把自己这一路写成小说，完全可以取名叫《寻找许诺》。

我不由得笑出声。

就在这时，我忽然停下来。目光扫过街边，我看见了一个邮局。

我出神地盯着邮局的标志。这里有我和许诺最美好也最不堪的回忆，我无法自已地想起当初第一次从这里收到许诺的信件和录音的情景，那是第一次知道被人拒绝是多么锥心刺骨的痛。

我默默地走到邮局面前，绿色的邮筒依旧不起眼地竖立在路边。我第一次给许诺写的信就是由它传递出去的。

我伸出手，出神地摸着它。

写信和寄音频是许诺的主意。她说，喜欢我的声音，也喜欢看我的字。她说，文字表达的东西远远比电话真切。

我一直以为，这是她给我的某种暗示。

后来我战战兢兢地把第一封信寄出去，度日如年地期待她回复我。过了一个月，她果然寄信回来了。

那天，我几乎是狂欢着从邮递员手里接过她给我的小盒子，里面有一封信和一盒磁带。

她给我的话不多，可我翻来覆去听了一个晚上。只要遇到跟许诺有关的事情，我似乎从来冷静不下来。

冷风吹走了我的思绪，我打个寒噤，裹紧衣服。我已经把许诺这次给我的录音转进了MP3，带在身上，只要没事就拿出来听听。

"你还记得吗，当初不知道以前是谁，上了晚自习说怕黑不敢回家，非要等着我一起走。"

"那天收拾房子，翻到以前你给我写的信，读了一遍，决定来再给你写一封信。"

听到这句话的瞬间,我突然觉得许诺其实是个很残忍的人,她总是可以轻轻松松地提起我们之间这种禁忌的话题,并且毫无愧疚感。如今她这样毫无顾忌地提出来,我觉得有些忿忿:她早已放下,而我却因她而重起波澜,这不公平。

我敛起笑意,低头玩着自己的手指。

我忽然烦躁起来。反正这个城市也没有许诺的身影,我决定第二天就打道回府。

消逝的不只是青春,还有记忆

回到家后,我给冯安华去了个电话。他告诉我,暂时没有头绪,也许是觉察出我的心情,他并没有过多调侃我,只是说还会继续帮我调查。

我也没那么多闲心多说废话,直接关机躺在床上。我还是想不通那些困惑我的问题,比如许诺的目的以及那个孩子的身份。

夜色正黑。邮局时刻出现在我脑中,就在我将要睡着时又突然跳出。我心烦意乱地翻身下床,干脆打开所有的灯,找出一把椅子,把它靠在挨墙的柜子边上,踩上去,颤颤巍巍地抽出柜子顶端的被报纸裹着的许久未碰的那摞杂物。

两年前搬到这里之后,我就随意抽了张报纸把书本全部包了起来,丢在柜子的顶端,再也没打理。现在拆开一看,书籍早已零零碎碎了,封面因尘封过久而发黄。

我鼓了口气，轻轻吹过去，一层厚厚的灰散开，在窗户漏进的光束中飞扬。我没躲开，手一哆嗦，书掉了一地，发出沉闷的响声。我跳下椅子，蹲在地上，捂着口鼻屏气凝神，却还是几乎被呛出眼泪。

等我咳完了，一切重回了原样。周围是熟悉又陌生的摆设，外面是似曾相识的街道。房间里静极了，可以听见针尖走过的每一个声音。

我一本本地翻过去，里面的字迹很熟悉，像是我自己写的。各种各样的内容，文字里穿插着一些幼稚的图画。我认真地看着那些图，是用铅笔画出来的，线条粗细不一。画中的女孩有及背的长发和大得有些夸张的眼睛。

画里的她一直微笑着，身边偶尔也会出现一个男孩。男孩的目光总是如影随形地跟着她。我知道那个男孩是我自己。

可是因为年代久远，图画已经开始模糊，加上画得凌乱，所以除了知道画的是个女孩以外，什么有用的信息也看不出来。

如果没有再见到许诺的信和磁带，我就怎么也想不起自己当年是如何画这些图像的，又到底是为了什么人而画下来的，甚至会觉得这根本不是我的东西。

我从那堆书的最后一本里，找到了一张照片。相中的我只有十几岁，模样青涩又呆滞，面无表情地站在学校的正门口。我挽着许诺，她的样貌因直射的阳光而模糊成一片。那是我第一次牵她，也是最后一次。

我给她写了很多信，她回了我很多信。我给她录歌，用了一盘又一盘的磁带，小心翼翼，躲着所有人，害怕被人看出我的那份心意。

高考之前，我终于鼓起勇气，用一封长达三页纸的信告诉她，我喜欢她。

我喜欢了她八年，从十二岁一直到十九岁。可那封信石沉大海，我再也没有收到半点回音，直到我不放弃地追过去，约她出来谈了一次，她说的每一句话都重击我心。

再后来我开始避开她。可她继续给我写信，就像什么都没发生一样。我忙忙碌碌地在城市里寻找自己的位置，偶尔回复，次数越来越少。逐渐地，许诺的身影消失在我的生命中，我将关于她的一切尘封起来。

在某天的酩酊大醉后，我一个人逛着街，忽然想起许诺，想起当初我们走在学校的林荫路上，我想要牵她却不敢出手的可悲模样。我的心异常平静，没有丝毫钝痛的感觉。从那时起，我知道，这段当初沉重得让我无法呼吸的初恋，终于结束了。

我将照片收进钱夹里，使劲揉揉眼睛，又一次重播那份录音。

"今天这封信寄得太突然，我也没带别的东西给你。"

"我只想你过来啊。"我忍不住，点上烟盒里最后一支烟，往后一靠，喃喃地和录音里的许诺说着话。

"我可不知道你当年对我有这种意思，还以为你就当我是死党呢。"

"你不知道的事情可多了。"

"其实我一直不明白你为什么喜欢我。"

"正所谓'情不知所起，一往而深'嘛。"

"我一直觉得你是个特别好的人。"

"我去，你别又发我一次好人卡，行不？"

接着她继续说着别的事情，说她的生活，说她的人生。我模模糊糊地听着，时不时回上一句。

末了，又到了音频最后。我往前倾身，按下暂停，那一刻无法抑制喷涌的感情，我咬着牙开口。

"许诺，既然当年你不想接受我，为什么今天又要不断地来提醒我呢？"

每一种自以为是的永恒都是幻觉

接下来的日子里，我把所有少时的书籍都翻了出来，一本本地看着。我发现许诺贯穿了我的整个少年时代。我有些咋舌，从不知道自己小时候竟那么疯狂。

看累的时候，我会停下来休息一阵。冯安华那边依旧没有丝毫的消息。明明感觉就近在身边的许诺，此刻却不知为何，有如远在天涯海角。

就在我盯着课本陷入沉思的时候，那阵熟悉的电流声毫无预兆地再次响起。尽管已经逐渐适应了它的突然出现，可我还是被吓了一跳。

"滋——滋滋——"

我猛地站起来。第六感告诉我，每当这个声音出现，那个神秘的孩子就会带来一些跟许诺有关的信息。

我知道这一切已经不受控制地往诡异的方向滑行了，可我还是想一探究竟。

在短暂的交流电音后，时空仿佛暂时停滞了一会儿。接下来，一阵突如其来、更大的声响回荡在我的耳边。我猛地捂住耳朵，跪坐在地上，那声音急促地催促着我。我捂着耳朵跑到窗边，直觉地拉开窗帘。

外面的阳光倾泻一室,我低头去看,就在我看见那个戴着棒球帽的孩子时,电流声不出意外地消失了。

他就这样安静地站在我的楼下,远远的,似乎抬着头,可因为距离太远,我看不清面目。

接着他对我招手。

我挑起眉,大声喊起来:"你是谁?"

他的手放下去,转过身,跑开了。我一顿,鞋也来不及穿,扑到门边,开了门冲出去。街上阳光炙热,我光着脚跑在路上,行人像看疯子一样看我。

我跑了许久,在十字路口停下来。绿灯亮着,车流不息。我焦急地伸长脖子往街对面看去:如同所有影视作品里的狗血桥段那样,一辆巴士开过后,戴着棒球帽的孩子就站在那里,静静地等着我。

我忽然觉得这整件事情都是从这个孩子开始的,如果能抓到他,我就能找到许诺。我不顾那些异样的目光,抬腿闯过红灯,穿过车流,跑到马路对面。

那孩子在我快追到他时又抬腿往前跑去。他就像一个引路者,一直指引着我。

我跑得气喘,被他带到另一个十字路口。我体力透支,汗水几乎全部蒸发在空气里。他回头看着我,我却始终无法辨认出他的模样。

可我很肯定自己认识他。我一定见过他,我熟悉他的每一个动作。

我只是叫不出他的名字。

他站在不远处对我招手。我抬头看着他所在的位置。我的脚底很痛,身体疲惫,头晕眼花,可我还是看清了那是什么地方。

我已经很多年没有来这个地方了，自从上次和许诺见过一面之后，我曾经发誓不会再来。

这个咖啡吧开到至今已八年了。在它开张的第一天，我约许诺在这里相见。

那时我给她写了情书，而她一直没有回信。我不死心，非要得个结果。

我在店里等了她一个小时，她才姗姗来迟。我闭着眼睛，仿佛还能记起她那时的穿着打扮：素净的衣裳，长袖，高领；披着长发，一直垂到腰间。

"如果我当时回信了，你是不是会放弃一切来找我，带着我远走高飞呢？"

那是她对我说的第一句话。

我怔怔地看着她，无法回答她的问题。她笑了笑，撩起耳边的头发。我眼尖地看见她无名指上的戒指，那光亮得我睁不开眼睛。

"你不会，我也不会。我们不是一个世界的人。"

我低头去喝咖啡，她的话如连珠炮似的："韩明轩，我就要出国了。我们继续做朋友不好吗？不要打破这种关系不好吗？我一直给你写信，给你寄我录的音，这样不行吗？"

那时我编织的所有未来因她的拒绝而分崩离析。我的女主角就在我的面前，可如她所说，所有童话的结局并不是王子和公主永远在一起。公主会变成童话里最让人讨厌的王后，而王子则会变成昏庸的陛下。

只有在故事里，一切才是完美无缺的。

我只能使劲"嗯"着。我心里恨她，我不明白，如果她一直对我没好感，为什么还要和我做那么多暧昧的事情。

后来许诺仰起脸看着我，轻轻地抓住我的手，一个手指、一个手指地和我扣紧，再贴在她的脸上。我转头看着她，说话很是困难："你就不能给我一个机会吗？"

她摇摇头，垂下眸子，将我的手放开。她放手的那一刻，一股冰凉的风灌进了我的心里。

"许诺，你到底喜欢过我没有？还是这么多年你只是享受被我注视的感觉？"

我想问的不是这个问题，可不知怎么，那话到了嘴边就变了味道，又刻薄又寡毒。那一刻我离她很近，我可以闻到她身上的香水味道。

她转过头看着我，睫毛微微地发颤。

"你觉得，风筝断了线，会怎么样？"她没有回答我，只是没头没脑地问了我一句。

我忽然想起多年前我为她放上天的风筝，还有那封我没能给她的信，还有那段当时的我给未来自己的话。我顿了良久，摇摇头。

她笑着收回目光，轻轻搅动着咖啡杯里的液体。

我们沉默着，许诺忽然抬起脸，指着我身后的一个老头问我说："你猜猜他多大了？"

我眯着眼睛打量了下，说："七十。"

许诺摇头，说："六十五。"

我忽然来了兴致，伸出手指对着她："咱们打赌吧，一会儿看看谁猜得对。"

"好啊，"许诺笑着点点头，"输的人弹脑门。"

这是我们上学时经常玩的东西：坐在一起，猜测一切可以猜测的东西。打赌只是为了那稍后可能的碰触。而后，许诺输了。她紧紧地闭着眼睛，拉着衣服的领子，睫毛在紧张中微微颤抖着。

我凑上前，吹吹自己的手指，她哆嗦了下，眯着眼睛看了我一眼:"横竖都是一刀,你快点!"

我笑起来,伸手捂住她的眼睛:"慌什么?我就喜欢看你紧张的样子。"

我咬紧牙。我觉得当时我的动作并不是出于本意,只是不想让她过于得意。于是我蒙住许诺的眼睛,俯身过去,亲了亲她的额头。

许诺怔住了,我也一样。我清清嗓子,赶紧退回来,低头喝了口茶。许诺盯着我看了看,撩起耳边的碎发,什么也没说。

我斜着眼睛瞥着她,发现她的脸很红,一直红到了耳根。

我更迷惘了,为什么我这样做,她没抗议呢?

那天回家,下了小雨。我们没有伞。我拽起衣裳遮在许诺的头上,顺手搂着她的肩。她变得很瘦,骨架纤细,好像一握就会断掉。

我送她到了车站,看着她招来了辆的士,在我面前绝尘而去。那时我疯了一样追着她的车过去,在她让司机停下来的片刻时间里,敲着她的玻璃嘶吼道:"许诺,许诺,我会一直给你写信,一直找你,一直到你接受我为止。"

她神色复杂地看着我,摇摇头,吩咐司机将车开走。而我则蹲坐在便利店门口,买来一袋子的白酒,一口接一口地喝,直到烂醉得不省人事。

我眯着眼睛,取下耳机。

许诺的那句"再见"幽幽地回荡着,我记起她上车时最后的那个眼神,欲说还休,仿佛还有很多的东西想要告诉我,可最后她什么也没说,什么也没做,由着那车开走了。我还是没能得到我想要的答案,尽管现在,那答案对我而言也显得不是那么重要了。

我抬起表看了看,中午十二点。今天是四月一日——愚人节。我听过一个说法,说情人节是愚人节,而愚人节才是真正的情人节。

我觉得说得出这句话的人,一定有着不堪回首的心酸情史。

我记起我给许诺寄信的那一天,也是一个愚人节。我忐忑地将信丢进信筒里,接着数次想要等到邮递员来帮我把信取出来。

在一年之中,只有愚人节那天,我才可以说喜欢她,所以那声"喜欢"倾我全力,所以当那声"喜欢"石沉大海之后,我竟开始怨恨。

直到现在我才想通,我怎能因为她不爱我而怪她?

我的心脏忽然鼓噪起来。我早该想起我深爱过这样一个女孩,她曾占据了我所有的心思和青春。我一直以为年少时的爱情是一种幻觉,最是天真,也最容易忘记。无论当初那份感情多么刻骨铭心,时年稍过,总会消失得一干二净。直到刚才我才发现,它其实一直被我掩埋在心底深处。

我发了疯似的陷入幻想。我想在没有案子的下午,回到初中的校园,再走校园里的路,带着许诺走那条我们分开前漫步过多次的林荫小路,在太阳要落下的时候。我希望能牵着许诺的手走一次,就像我曾经期待的那样,然后在她仰起头,微微闭着眼睛闻着树上的花香时,跟她说:"我爱你。"

就在我沉浸在一种幻想中的失而复得的喜悦中时,电话再次响了起来,是冯安华。

无法直视的除了伤痛,还有爱情

就在我想通了一切,回忆起了一切,准备重新去找到她,开始另一段人生时,冯安华告诉我,找到许诺了。

他找到她了,在死亡人口名单里。

许诺死了,车祸。

我惊若木鸡,站在咖啡吧门口声嘶力竭地冲冯安华吼着:"你看错了!都是假的,你快说你看错了!"

冯安华沉默良久,问清楚我的位置,让我等着他。过了一会儿,他来了,开着他那辆多年没换的福特。

他走到我跟前,蹲下来。我抬起手遮住太阳,一阵阵作呕。

"给你,这是当年登了事故报道的报纸,这是许诺后来的地址。她一直就住在这个市,只是一直没有告诉你而已。"

我在看清楚上面的照片后,手倏然握紧。我将报纸抢过来,仔细地翻查。我忽然惊愕地发现,前几天我收到的小孩送来的那个盒子外面所包的报纸跟这份报纸是同一期。

八年前的今天,某城发生了一起严重的交通事故。据调查,车主应负全责。被撞女人当场死亡,男人被送到了医院抢救。报道的篇幅很短,接近中缝,在整张报纸的下角处。

我一直没有看到。

冯安华显然不知道我在震惊什么。他有些犹豫地拍拍我,我没理他,他蹲下身,扶起我,将我带进车里,关上车门。

"你也别太难过了。她就算没出车祸,也活不过那个月的。"

我猛地抬起头看着他,他耸耸肩,叹了口气:"我查过了,她当年得了绝症,是遗传疾病,没救的,活不过二十岁。"

"她……早就知道了?"

"嗯,应该是。这种病打出娘胎就应该能被发现。老实说,她能活到十八岁,已经是很幸运了。"

我手足冰凉地听着他的话。他每一个字都像刀子一样在我心里刻出了问号。我焦急得有些口齿不清，拼命翻出口袋里的 MP3 塞给他："你听听，这是她前几天才让人送来给我的，她没有死。"

冯安华皱着眉接过去听了听，露出疑惑的神情。他停顿片刻，看着我："这事情有点怪，你先把东西给我，我回去帮你研究一下。"

我六神无主地点头，冯安华破天荒地没有继续揶揄我，开着车，将我送回了家里。回到家后，我蒙头大睡了一觉，冯安华一直坐在外面，我不知道他究竟是什么时候离开的。我只觉得自己身心俱疲，像做了一个无比冗长的噩梦。

等我清醒后，天气晴好。我心里有太多的疑问需要解答，比如，为什么八年前已经死掉的许诺会突然让人给我送来这盒磁带？那个一直在交流声后出现的小孩是谁？为什么包着盒子的报纸就是报道许诺死亡的那期报纸？

我摸出冯安华给我的纸条，上面写着一个地址。我决定亲自去许诺家里看看。

那已无法追回的懊悔

我敲开许诺家大门的那一瞬，我已经后悔了。许诺的妈妈站在门里，看见是我，惊讶的神色从脸上一闪而过。

她让我进屋，态度不算热络，给我端来杯水，吩咐我坐在客厅里。

我抬起头环顾这个陈设简单的家，而后目光无法自己地久久停滞在挂在墙上的那张黑白的照片上。

照片里的许诺微笑依旧，只是再也无法对我开口说话了。

我心里酸楚,却又更加疑惑。我将水杯放下,走到那照片跟前,抬起手轻轻地抚过边框。我甚至能感觉到最后一次分离时许诺在我手指留下的余温。

我没能兑现我对她的承诺,今天本不该来这里的。

许诺的妈妈走出来,递给我一包东西,说这是许诺生前留下的,她吩咐他们,如果有一天我来找她,就把这些东西给我。

我赶紧转过身去擦擦眼睛,接过那包裹。

手机响起来,我手忙脚乱地从兜里把它掏出来。"冯安华"三个字在屏幕上闪着。我犹豫了下,抬头看看许诺的妈妈,她对我点头,又回到房间里。

我长长地舒了口气,接通电话。

冯安华的声音自那头响起来:"你给我的那盒录音,录于八年以前。"

我哆嗦了一下,正在拆包裹的手停了停。

冯安华沉着地继续开口:"我们技术部的同事仔细帮你鉴定了一下,他们很确定,说录了起码有八九年了。"

"那为什么……"

我的话没有问完就打住了,因为我看见了那个盒子里装着的东西。我无视冯安华在那头的疑问,轻轻地把电话挂上。

我要的答案就在这个盒子里。

我无法自已地颤抖起来,鼻子酸痛难忍,我拼命地昂起脖子,害怕一个不慎会有眼泪流出来。

那盒子里的东西分靠在两边,一边满满地装着磁带,一边堆放着信件。

每一封都是亲手写下的地址——我的地址。我从怀里摸出那天收到的那盒磁带,放进盒子里。许诺的妈妈走过来,看着这一幕,叹了口气,坐在我身边:"许诺早就知道自己活不了那么长的时间。你们高中快毕业那阵,她身体已经不行了。"

"这些东西……"

"那天你们出去之后,她回来就把自己关在房间里哭了很久。后来她扑在我身上问我,为什么她会得这个病?为什么她不能和别人一样活得长长久久的?后来她说,怕你难过,就干脆提前给你录了音,写了信。她说,怕你一直给她写信,收不到回信会伤心。她让我们收着这些东西,只要接到你的来信,就从里面拿一封给你回过去,一直到你不再来信为止。她怕你会一直坚持写,所以最后那段日子里,自己即便已经没力气了,还不肯我们帮她……"

这些话刺耳地回响在房间里,许诺的妈妈数度哽咽,谈话几次中断。我咬紧牙,几乎不敢抬头去看她。

这就是答案。这就是为什么直到今天我还会收到用磁带录下的声音。这就是为什么她给我的回信从不回答我的问题。

"她是……哪天知道自己快不行了的?"

"二〇〇四年四月份,她有一天突然晕了过去,等送医院检查之后就知道了。"

在我一直记恨许诺不给我回那封情书的时候,她正躺在医院里和死神抗争。

那时的她究竟是用怎样的心情来见我的呢?

在太阳正盛时,穿着高领的长袖衣服,是为了掩盖虚弱和异样吗?

对我说出的那些话,只是让我斩断情丝的谎言吗?

还有这些信,这些录音,她准备了那么多份,她是真的以为我会像自己说的那么深情,一直纠缠不休,所以才拼了命去做吗?

那时候的她是否知道,这些东西会有那么多不必寄出呢?

我拼命地咬着牙，只有这样才能避免悲伤从心里倾斜而出。

我的脑子里不断问着自己一些问题。

如果我当初说，我愿意和许诺一起，抛弃所有，她会不会答应我？如果我当初——我当初去找她了，她是不是就活得更久？

我像神经病似的走到许诺的照片旁，问了她诸如此类很多问题，可她一直没有回答我。

我不想相信，她就这么消失了。我伸手去摸她的相片，没有一丝温度。

"还记得吗，你说我怕黑，所以当初总是要等着你一起回家。其实我不怕，我只是想找个理由和你一起走而已。

"你说因为我只把你当朋友，所以才告诉你所有事情。其实我一直都没当你是朋友，我只是怕如果我不主动告诉你，你就永远不会问。"

我的脑子里不断回放着许诺的声音。我抬起头，她妈妈走到我跟前，将一只风筝递到我手里。

我瞪大眼睛看着那风筝，那只初中时我们一起做的一起放上天的风筝。我以为它早已不见了。

原来许诺去帮我找回来了。许诺很早就知道了我的心意，她一直知道，所以一直对我微笑，一直没有告诉我她会死这件事情。

最后见面的那天，许诺问我，如果风筝的线断了，会怎么样？

我是怎么回答来着？我好像什么也没有回答。

我把头埋得很低，用尽全力抓着那只风筝，像要把它捏碎一样。

每个故事都需要一个结局

夜幕降临时,我捧着那个盒子,还有那只风筝,走出了许诺家的大门。她家的灯暗黄地在楼上亮着,给人一种温暖的感觉。

我觉得浑身发冷,我关上了手机,隔绝了冯安华的来电。

我走了很久,绕着远路。今天知道的事情让我痛彻心扉,而另一个困惑似乎也快迎刃而解了。

尽管我觉得这只是一场幻觉,可一切都那么真实。

我下了车,站在郊区的空地上。墨黑的天空上翻腾着云,其中包裹着潮湿的雨水味道。我安静地看着面前宽阔的大路,接着转过身来,盯着从我出门就一直跟在我身后的戴着棒球帽的小孩。

他静静地伫立在那里,不动也不说话。

我走过去,他没有逃走,而是迎着我过来,停在我面前。

我对他伸出手,他抬起头,我拿下了他的棒球帽。

那是我的棒球帽。

他那稚气未脱的面孔如此熟悉,我已经有十五年没看到他了。他是十五年前的我。

我没有疯,血压正常,心跳规律,瞳孔适度。

我没有发烧,没有冒汗,而是平静地接受这个事实。其实在整件事情的进行中,我早已隐隐约约地想明白了。

而他给我盒子的那天,正好是我们放风筝的第十五年纪念日。

我猜他出现只是为了让我兑现十五年前我对自己的承诺。

我已经忘记我深爱过许诺这个事情,所以他来提醒我了。

我蹲下身,将盒子放在一边。他盯着我手里的风筝。我将风筝翻过来,后面那行小小的字已经看不清楚了。

他出神地伸出手来,抚过那行小字。我拉起线,拼命地往前奔跑。

风筝很快飞了起来,飞得很高,我几乎无法拽住,于是我放开了手,风筝在夜色中飘飘荡荡地扬了起来。

我眯着眼睛一直注视着它消失在远方,天下起了小雨,淅淅沥沥的。

我用力呼喊许诺的名字,一次又一次,没有人回答我。这些天来,那个仿佛一直陪在我身边的许诺,终于不再响应我了。我转过头去,四周空空荡荡的。

没有戴着棒球帽的十五年前的我。只有地上的那个破旧的盒子,里面所有的东西都在提醒着我:我是用怎样的速度忘记了自己那份耗尽青春的热恋。

我慢慢低下头,捂住了脸。

那些过往终会永远过去

我累得精疲力竭,回到家便倒头大睡。我不知自己睡了多久,总之我是被冯安华那聒噪的敲门声吵醒的。

我揉着酸痛的脖子走到门口给他开门,他大步跨进来,往沙发上一坐,抬起头看着我:"你给我的录音是空白的。"

我一愣,他摸出 MP3 丢给我。我接过来赶紧去听,里面什么声音都没有。他皱着眉嘀咕起来:"只会给人找麻烦,还有,你不是说，有什么小孩跟着你，是小孩把东西送给你的。我去问过了，人家邮递员还记得你，说，那天你拿到包裹突然发神经一样跑出门去，人家追了你很久。"

冯安华依旧喋喋不休，我愣愣地看着他，摸出手机看了看时间。二〇一二年七月九号。

发生了这么多事情，结果只过了一天吗？我想不明白。

我愣愣地站着，冯安华的话像被一层薄膜隔绝在了我的耳朵外面。我迷惘地看着他，他还在抱怨着。

我转过头跑进书房，温暖的阳光倾泻一室。我冲到办公桌边，拉开抽屉，那个盒子依旧静静地躺在里面。

我默不作声地关上了抽屉。

我双手合十，撑在下巴上。十五年前的我已经彻底走了。我至今不确定他是真的来过，还是只是我的幻觉。

可我知道，有的事情我想起来了，就不会再遗忘。

我闭上眼睛，在那干净的阳光里，在冯安华的唠叨声中，静静地回忆着每一分，属于我和许诺的过往故事。

往生刑

每一个死者都会经历一次往生刑。每个人的刑责都不一样,目的是为了斩断你对尘世的依恋。他从来不信这种说法,直到那一天。

第一天

有人在哭,像是要从身体里生硬地挤出水分一样。那声音细细的,压抑的。

他醒过来后第一眼看见的是头顶的吊灯,明晃晃地发着光,灯丝被电流灼烧着,"滋滋"地低声作响。他捂住耳朵好一会儿,终于确定那种声音并非来自他的身体。

他盯着那个底部已经有些发黑的灯泡看了很久,他奇怪地发现他竟能这么久盯着强光,不眨眼睛,也不流眼泪。

他的大脑仿佛停顿了一个世纪,接着才又恢复了运转。他努力回忆着刚才究竟发生了什么事情,可除了轰隆的声响,什么也不记得。

他慢慢地转过头去,环顾这个虽不奢华却温暖的房间。墙上残留着海报撕后的痕迹,床头柜上放着一个水杯,里面的水只剩下三分之一。

他的目光下移,缓缓地落在那个背对着他的女孩身上。

女孩的头发很长,齐腰。虽然穿着宽松的居家服,可依旧能看出她的纤细。他轻轻张了张嘴。

"你为什么哭?"

他的声音哑得刺耳,女孩没有回过头来。她的肩膀耸动着,仿佛在细细地颤抖一样。他口干舌燥,撑着身子起了床。

那床铺柔软,被子上还带着清新的味道。

他走到女孩身后,用那种难听的嗓音又问了一次。

"你为什么哭?"

女孩还是没有回答他。他的声音就像被投入了一个无底的黑洞里,甚至没有任何回响。

他皱起眉,女孩趴在桌上继续哭着。她的面前放着一台粉色的笔记本电脑,上面荧荧亮着光。他凑过去看,页面上是一则放大的新闻:

华东医学院骨髓科主任罗平跳楼身亡。据警方初步估计,死者系自杀。

他微微张开了嘴。他有些不安,眯着眼睛凑近去看那条新闻。女孩也在看,他的脸几乎挨在了女孩的脸上。

可女孩没有回头,双眼紧紧地盯着屏幕。

随着那页面的下拉,他的心跳逐渐加快,他的双耳轰鸣,血液在血管中呼啸而过。

他死了。

新闻用一种冰冷的文字报道了他的死讯:他在死前不久造成了一场医疗事故,病人在事故中意外死亡,他留下遗书,表示因为受不了良心谴责，所以才从医院的高楼上跳了下去。在新闻的结尾，他看见了跳楼者的照片。风华正茂，双眉修长，嘴角含笑。

他惊愕地盯着照片看了半晌，一时无法言语。忽然仿佛什么东西在体内破碎了一地，他甚至能感觉到残渣卡在心脏里的那种细细的疼痛。

他退后了一步，女孩还在哭泣着，忘记擦眼泪。他不由自主伸手摸了摸自己的脸，摸了摸自己冰冷的下颌。

他直起腰，转过头，看着一边立地的镜子。

镜子里面空无一物。

他死了，跳楼而亡。他的灵魂没有像书里面写的那样上天堂或者下地狱，而是莫名其妙地停留在这个陌生女孩的身边。

他张张嘴，感觉到风从胸腔里涌出凉意。

他为什么会跳楼了？

她是谁？

为什么他会在这里？

还有……他倏地回过头来，盯着那个女孩。为什么这个陌生的女孩会为了他哭得无法自已呢？

罗平唯一知道的是，现在自己是个鬼魂了。

他在意识到这件事情后只挣扎了些许时间，便坦然地接受了这一切。他只是不明白为什么自己会像地缚灵一样纠缠这个女孩。他记得，小时候爷爷还在时，经常给他说起死后的事情。

比如，人死后不会立刻升天，而会在阳间停留七天，第七天晚上，就是人的回魂夜。爷爷一边烧着纸钱，一边就着那闪烁不定的火星，瞅住他的双眸说："当年你奶奶死了，我就是在回魂夜又见了她一面。"

爷爷说那话的时候很认真，嘴角还带着一丝笑。家长都说他没个正经，居然拿这种话来吓唬孩子。可罗平一直信着这话，直到他从医学院毕业，进入那家全省闻名的大医院。

从那时候开始，他才逐渐正视"生死"这个问题。他慢慢知道，所有的人无论好坏，都只不过是由一堆白骨和血肉堆积而成的。逾年往日，骨肉损毁，总有一天会消磨殆尽。

每个人都会死，这没有什么大不了。

可罗平从没想过，自己竟会是跳楼死的。他自觉，虽然对这人生没什么热爱，却也不至于这样厌恶。

但悲剧的是，无论他怎么回想，记忆都会在那声轰鸣中戛然而止，他只记得死前自己正在抽烟，就和往常一样，他甚至想不起自己是从什么地方跳下来的，当时的感觉如何，是痛了很久，还是一秒钟就过去了。

现在他坐在这个陌生的房间里，在女孩的旁边陷入沉思。

他已经跟在女孩身边一天一夜了。窗外太阳渐渐升起了。他坐在她的床边一直静静地看着她，看着她如何哭泣再如何陷入沉睡。

他思考了很久，还是不知道这个女孩是谁，而他从来不知道，原来一个人的身体里竟能储存这么多的水分。这一天来女孩什么都没做，只是呆呆地看着那条新闻流泪，甚至连睡着的时候，眼角还时不时掉下一两滴泪来。

他好心地伸手想要帮女孩把眼泪擦掉，可他的手指直直地穿过了女孩的脸颊，隐没在她的发间。女孩像着凉了似的缩缩脖子，吸了下红通通的鼻子。

他看得有些想笑，忽然又觉得一阵辛酸。

啊，自己居然就这么不明不白地死了。可万幸的是，他死之后，还有人为他这样哭了一场,这是不是说明他活着的时候也没那么糟糕?

罗平起身,轻飘飘地来到女孩的书架边。那上面的书排列整齐有序,和房间的布置一样。他看见最顶上放着一个小本,上着锁,还积了灰,似乎是个日记本。

他想拿下来看看,伸手过去,手直直地穿过了本子,和那封皮黏在一起。他有些挫败地叹了口气。

就在这个时候,他发现身边墙上挂着的那幅月历动了动。他回头看了眼窗户,并没开。

他赶紧对着月历吹了口气,月历"哗啦啦"地翻了起来。

他一下激动了。

本来以为自己和人间断了联系,可没想到他呼出的气息竟还能传到阳间。平时这种小事根本不会引起他的注意,可当失去一切之后,他才发现这是多么难能可贵的东西。

他回头看了看女孩,鼓足了气,对着书架上堆着的报纸吹起来。

"哗啦啦"几声之后,报纸掉在了地上,还带着几本没塞严实的小本子,一起落下来。

"啪嗒"。

安静的房间里响起书本落地的声音。女孩哆嗦了下,睫毛微微一眨,醒了过来,她揉了揉额角,红肿的双眼盯着掉在地上的那几个本子,缓缓地走过去,弯腰捡起来。

她抬起头看了看方才放这些东西的地方,目光落在那个日记本上。她顿了良久,踮起脚,试了好几次,终于将那本日记给取了下来。

日记本是硬皮的封壳,上着锁。她摸出放在柜子顶层的钥匙,开了那本子,坐回床边。罗平兴奋起来,跟着她飘回床上,凑过去看，她的发香钻进他的鼻子。她轻轻撩开耳边散落下来的碎发，随意翻开一页。

里面夹着一张照片，看样子是一个班级的毕业照。

罗平探头去看，一眼就发现了年轻时的自己，穿着高中生的校服，站在照片最后一排的右角上。女孩出神地抚摸着那照片，忽然又一滴眼泪掉下来，砸在老旧的照片上面。

她赶紧伸手擦掉了泪痕，接着猛地一下合上了本子，站起身。

虽然看照片的时间很短，可罗平已经想起她来了。在那瞬间，罗平的心里冒出一股很淡的惆怅。

原来是她。可即使想起了她是谁，罗平还是悲哀地发现，自己也想不起她究竟叫什么名字。

第二天

在太阳挣扎着跳出地平线之后，女孩仿佛下了一个很大的决定。她拿起电话，纤细的手指不安地绞住电话绳。

罗平凑过去听，响了两声后，那头传来院长的声音。

"喂？"

"喂，您好，我是——"女孩顿了顿，脸忽然有些发红，"我是罗平的未婚妻，想要拿走他的东西，不知道方不方便？"

罗平愣住，呆呆地看着她的侧脸。那头的院长顿了会儿，也没多发问，隔了些许时间，轻轻"嗯"了声。女孩大大地呼出一口气，说了声"谢谢"，放下电话。她的额上泌出汗水，耳郭也有些发红。

罗平确定她在撒谎。可是为什么呢？为什么她要冒充自己的未婚妻，还要去拿自己的东西呢？

罗平小的时候喜欢过一个女孩。女孩留着不长的头发，刚刚齐肩。他坐在她后面两排，总要越过同学的背影才能看见她的后脑勺。

那时候他们都是高中生，只同班了一年半，女孩就转去了文科班。

他经常故意经过文科班的教室，运气好的话，可以看见女孩趴在临窗的座位上小憩的模样。他记得那时候女孩的头发也是这样的，软软地搭在脸边。他数次鬼使神差地想要伸手去撩开，却都在最后一刻克制住。

他们没怎么说过话。罗平记得，女孩家和他家在一个方向，回家的路上，会经过一条狭长的小巷。补课后的夜晚，小巷里没什么灯，看起来有些瘆人。

罗平其实不用走那条小巷的，可在某天他发现女孩的身影后，开始跟在女孩身后。

他们一前一后，离得不远不近地走。女孩从不回头看他，他也不上前叫她的名字。他陪着她穿过那条小巷，目送她的背影消失在小巷尽头的居民楼上，才心满意足地掉头往家里跑。

就因为这样，他总是很晚回去，为此还被父亲罚过好几次。

罗平记得自己一直这样送了女孩三年。

毕业时，他鼓起勇气，装作毫不在乎的样子把同学录发到女孩手里。女孩很快将那页纸写好回给他，上面写着"谢谢你"，旁边还画着一个大大的笑脸。

他不知道女孩在谢他什么，可他将那页纸翻来覆去看了好几次，认认真真地读了许久，才收在了同学录的最后。

再然后，他们天各一方，失了音信。他不知道为什么自己死后会来到女孩的身边，也不知道为什么女孩在看见他的死讯后会哭成这样。

他曾经也后悔过自己当初没有把话说出来，可那种后悔就像投入池中的小石子，在荡出几圈波纹后就没了踪迹。

罗平看着女孩简单收拾了下，洗了下脸，上了点粉，遮住肿起的双眼。她将那张照片抽出来，认真地看了看，取过放在桌上的相框，将照片夹了进去，又重新放回桌上，退后两步再看了看，深深吸了口气，抓起钥匙，转身出了门。

罗平跟在她身边，陪着她一路辗转，上了火车，转了两趟汽车，到了自己所在的城市。

时至黄昏，女孩打了车，报出华东医院的地址，司机从后视镜里看着她，没话找话。

"听说那医院死人了，还是个很厉害的什么专家，跳楼死的。"

罗平看见女孩的手明显紧了紧，生硬地从嘴角挤出个笑容："嗯，好像是。"

"唉，这年头，人都在想什么？不好好活着，干嘛非要寻死呢？"司机停了停，从后视镜里看着女孩，"但我听人家说，这个医生好像是手术失败，医死了人，自己受不了良心谴责，才寻了短见。"

女孩一顿，垂下脸，伸手撩了下头发，讷讷地开口："即使受了良心谴责，也不一定要去自寻短见。"

司机没听清，"啊"了声，还在继续八卦的话题："嘿，我听说啊，那小子身上冰凉冰凉的，说是一点活人气都没有。"

"人死了，哪能有活人的气息？"

"不是不是。按理说，人才跳下来，也该是热的，哪会冰成那样？"

"你怎么知道的?"女孩已经开始有些不耐烦了。

司机却浑然不觉,压低了声音,有些兴奋地开口:"当然了,发现他的那家伙正好和我认识。他说,当时还大着胆子去摸了下,没想到能凉成这样。所以我说,弄不好还真是做了亏心事,所以老天——"

"够了!"女孩打断他,顿了顿。在看见后视镜里司机那惊愕的神色后,再抬头时,那种凄然的表情已经换成了笑容,她摇了摇头,转过脸看着窗外。

"够了,我没兴趣。"

司机终于识相地闭了嘴。

女孩转头看着窗外,忽然又讷讷地开了口:"他不会自杀。"

司机"啊"了声,说:"没听清楚。"女孩没再搭理他,用一种更专心的姿态看着窗外。然而那句话罗平却听到了,也听懂了。

他有些悚然地盯着女孩,看着她放在膝上已经绞至发白的指节。罗平忽然弄懂了她来这里的目的。

她不相信自己是自杀的,她伪装成自己的未婚妻,是为了求一个真相。

时至此刻,罗平脑子里的那根弦才忽然一下绷紧了。他一直没过多思考自己为什么会去自寻短见,总觉得,既然已经死了,追问原因也没了意义。

可这个女孩不一样。她跑了那么远的路到这个城市,只是为了追一个真相。帮他追一个真相。

罗平的鼻头忽然有些发酸,他紧紧地盯着女孩,看着她沉下来的面容和掩盖在脂粉下的泪痕。

为什么呢?他轻轻地在女孩耳边问,你这么做是为什么呢?

计程车在医院大门口停下。女孩下了车，教养良好地跟司机说了声"再见"。

罗平飘在她身边，鼻息中不断窜入她身上那股好闻的香水味。院长等在前方的大门口边。他年过五旬，有些虚胖，双腿浮肿，模样有些衰老。他看见女孩过去，脸上露出一丝难过的神色，伸出手来。

"你就是罗平的——"

"未婚妻，"女孩开口，"我们一直在两个城市工作，所以您没见过我。"

院长上下打量她一下，却也没多问，点点头，侧身让她过去，从口袋里摸出手巾擦了擦汗，把她带到了罗平的办公室。

女孩的目光停留在罗平那件西装上，她走到近前，将西装拿下来。

"罗平这孩子——可惜了。"

女孩的身体明显顿了顿，接着抬起头，嘴角的笑容僵硬又勉强。

"他平时性格挺沉闷，休息的时候就会去天台抽烟，和同事们也没什么交往，怎么说走，就这么突然走了？"

"我能去看看他吗？"

院长一顿，脚步忽然收在了罗平的办公室门口。他深深地吸了口气，看着女孩。

"大概……不是很方便。"

罗平愣了愣，看着院长为难的神色。女孩有些着急了，赶紧上前两步抓住院长的袖子。

"为什么不方便？我是他未婚妻，我想最后和他道个别，我——"

"罗平是跳楼的，"院长稍事停顿，"样子恐怕……"

女孩也是一愣，忽然明白了院长话里的意思。她的脸色倏然煞白，不由自主地往后退了两步。罗平紧紧咬住牙，对自己死后的面目忽然心生恐惧。

过了良久，女孩平静下来，惨着一张脸盯着院长。

"我想看看他，"她停了停，强调着，"我是他未婚妻，他不管变成什么样子，我都想看他最后一眼。"

三人，确切地说是两个人，到了太平间。罗平在门口驻足，抬头看着这个森冷的地方。

院长停在了门口，侧身让女孩进去。罗平悲伤地跟在她身后，回头瞥了院长一眼。他神色安静又凝重，和自己无数次所见没什么分别。

等他转过头时，女孩已经伫立在了某个隔箱前面。罗平忽然觉得自己心跳有些失速。他伸手摁在心脏的位置上，等了许久，这才意识到，自己早已没有心跳了。虽然早就有自己已经死了的觉悟，可非要等到人家来说你死了，他才反应过来自己原来已经死透了，连皮肉和骨血都全部烂掉了。

他来到女孩身边。女孩安静地盯着里面躺着的那具尸体。

在看见她悲伤侧脸的那一瞬，罗平猛地平静下来。女孩伸出手指，从尸体的脸上拂过。她没有碰到皮肤，可罗平还是突然感到脸上一阵酥麻。

他们停滞良久，女孩似乎就要哭出来了。可她什么都没有做，只是深深地叹了口气，用一种轻柔的声音开口。

"罗平，我来看你了。"

当罗平听见自己的名字从女孩唇中吐出的那一刻，他忽然觉得十分悲痛。而这种悲痛并非源自自己的死亡，而是强烈地后悔着自己为什么没有把该说的话说出来。

他伸手擦过女孩的脸，女孩浑然不觉。他的手垂下，将女孩的手纳入其中。

他自己都能感觉到那股瘆人的凉意，可女孩连动也不动一下，仿佛没有任何感觉。她专注地看着罗平的脸，接着低下头。

罗平看见她的唇离自己的耳朵只有咫尺，他不由得跟着俯下身去。

女孩在他耳边一字一顿地开口。

"罗平，我会帮你找到杀你的凶手。"

罗平愣住了。女孩将额头抵在他的尸体上，紧闭着双眸，好像想用自己的体温去温暖他。

过了许久，女孩又重复了一次。

"罗平，你听见了吗？我一定会帮你找到凶手。"

罗平颤抖了起来，他不明白这个女孩究竟在做什么，可他早已空洞的胸腔中却仿佛燃起了火焰，他更加用力地握住了女孩小小的手，抬起头静静地看着躺在那里的自己。

女孩抱着罗平的遗物回了公寓。罗平坐在女孩旁边，看着她高高束起头发、咬着笔杆的样子，恍然觉得回到了某个盛夏。

虽已成了鬼魂，但那些陈年旧事总时不时跳进脑子里。

他转过头去，窗户开着条缝，风不断灌进来，女孩却浑然不觉。她的手边放着那本黑色的日记本，打开的一页上面的内容，罗平熟记得几乎能背下来。

女孩抬起头揉揉脖子，她手指上戴着的戒指闪过一道亮光。她已经订婚了，未婚夫是个温柔的男人。女孩在电话里给他说了罗平的事情，末了，尾音一颤，说："我不能不管这事，否则我一辈子也不安生。"

那人竟没有责怪，反倒笑起来："你去做你想做的事情，累了就回家，注意安全。"

女孩瞬间红了眼。罗平倒没见过那个人，只是跟着女孩听过他的声音。罗平不知道女孩到底不安生什么。如果已经放下了过去，为什么现在还要这样锲而不舍地追寻真相？毕竟就连他自己也不执着于真相，人已经死了，怎么死的已经不再重要。

女孩起身，拉过放在一边的白板，将箱子里的照片都贴上去，接着在上面一个个打着问号。罗平探头去看，上面的脸他很熟悉，是他的一个病人，叫做邹乐。那孩子只有十六岁，有严重的血液遗传病，家里双亲不在，靠着社会的捐助吊着一天算一天。

罗平不由自主地想起那孩子的模样。他总是在笑，即使刚洗完了骨髓出来，身上还带着那种连成年人都无法承受的痛苦，也依旧在笑着，还对他说："罗医生，你看外面又开了两朵花。"

罗平知道邹乐活不了多久了，他的病是先天的，早已病入膏肓，靠数着窗外的花过着日子。

女孩静静地打量着那些照片，歪着头仔细地思考着。末了，她又回过头，抽出另一张白纸贴在刚才那张上面，接着重新往上面贴了照片。罗平仔细去看，看着看着，他忽然生出一股奇怪的感觉。

他认识照片上的女孩，他恍惚记得那个女孩叫邹然，是邹乐的姐姐。每天打扮得浓妆艳抹来医院给邹乐送饭，身上还带着挥之不去的劣质香水和香烟的味道。刚认识时，他曾经无数次皱着眉训斥邹然，让她至少换身衣裳再来给弟弟送饭。邹然每次唯唯诺诺，可到头来还是我行我素。

罗平安然地看着照片上的邹然，那姑娘也不过十八九岁，拥有一双很大的眼睛，却已经没了同龄人该有的神采。无论是从哪个角度拍的照片，都充满了某种灰败的气息。

邹乐入院几个月后，罗平慢慢知道了他们的情况。邹然、邹乐两姐弟活得不容易。家里没什么人，当姐姐的一肩挑下筹措弟弟医药费的重担，年纪轻轻就流落花街，把自己鲜活的生命一层层掩埋在厚重又苍白的粉底下面。

罗平看她可怜，曾经偷偷给她塞过一次钱。他当时没什么想法，只是单纯地想帮助他们。可邹然却像受了多大的侮辱那样，双眼瞪着他，直到他讪讪地又将钱收回去。

这个世界本没什么温暖，生老病死也是早已命定好的。但是每当他看见邹然穿着不合时宜的短裙，踩着高跟鞋，匆匆跑来给邹乐送饭喂水时，看着邹乐强颜欢笑，指着墙外的爬山虎喃喃自语时，总会觉得无力。

他是医生，就算妙手回春能给邹乐一个健康的身体，那心呢？他要怎么去救邹然那颗已经死掉的心？

尽管已经记不大真切当时自己究竟想了什么，可罗平在看到照片的那一瞬还是能感觉到，自己当初一定想过要怎么去帮这对姐弟。

他一定是非常用心地想过的。

女孩对他这番回忆浑然不觉。她在白板前来回踱步，时不时低声跟自己说些什么，又赶紧上前写一两个字。这样一夜过去，天亮时，两张纸上写满了复杂的人物关系以及他们和罗平的恩怨。罗平头皮发麻地盯着那纸，他忽然觉得，人是一种很可怕的物种，无论你有心还是无意，总会在这样那样的地方与别的人建立密不可分的关系，就像那种寄生的藤蔓，悄然生根悄然长，等你发现时，身后已赫然变成一座密林。

女孩的身影沐浴在初日中。她取出第三张纸，在上面写着罗平的同事。

罗平悲哀地想，原来自己这些年全部耗在了医院里，身边甚至连一个朋友也没有了。

如果没有这个女孩，他的尸体或许就会这么冷冰冰地躺在太平间，无人问津，直到火化完毕。连他存在过的残影也会消失得一干二净。

当年他父母离世时，一定没想过儿子如今会变成这副模样。

女孩深深地吸了口气，退后一步。她面前的三张白纸被风吹得"哗哗"作响。她垂下眼，取出电话，播下院长的号码。

罗平贴近她，再次嗅到她身上那股好闻的味道。

"喂，是院长先生吗？"女孩将电话换了只手拿着，犹豫了一下，安安静静地开口，"我想来见见您，问清楚罗平出事前的那件医疗事故究竟是怎么回事。"

罗平的指尖痛了下。女孩挂上电话，大口喘息，接着抬起头，用红笔在邹然的头上打了个很大的括号。

他忽然有些不敢面对接下来的事情了。

他是医生，可有人因他的疏忽而死了。他很想和女孩沟通，告诉她，自己被杀没有关系，因为自己也杀过人。

他在那次医疗事故中，杀了邹然。

第三天

院长和之前一样，等在门口迎接女孩。罗平已经习惯在心里把她称为"女孩"了。他觉得自己这种称呼带着点执意，好像拼命想把时间拉回到他们还在学校的当初。

女孩进了院长的办公室，并没有坐下。她从包里摸出罗平的诊断记录放在桌上："院长，当时出事的是不是这个叫邹然的女孩？"

院长推了推眼镜，眼神微微闪了下，又避开了："对，是她。"

"她弟弟也在这个医院里？"

"对，骨髓遗传病，活不了多久了。"

女孩顿了下，咬咬牙："那场事故到底是怎么回事？"

罗平觉得背脊发凉。他发现自己失去了这段的完整记忆，只在女孩开口的瞬间恍恍惚惚地看见当时的自己。

站在手术台上，慌张、无措，看着女孩的血液出现变化，本该是简单的输血手术一瞬间变得无比艰难。他还记得周围有人拉着他的袖子，疯狂地张着嘴说什么，可罗平似乎完全听不懂他们讲的内容。

他只是呆呆地站在那里，看着女孩的心跳忽然加速再急剧下降，她的血压出现极大的变化。他呼吸困难，举着双手，手套上黏糊糊的，还沾着鲜血。

再然后，他被人拉出了手术室，灯灭了，有人冰冷地宣布：手术失败，女孩死了。

他回过头，看见邹乐苍白的脸，躺在病床上，微微张着嘴看着他。

那孩子无法相信他不能救姐姐。罗平也不相信自己不能救那个女孩。

那一瞬间，罗平觉得上帝都背弃他了。他明明检查了那么多次，可为什么会出问题？他不明白，也没时间去弄明白。

他困难地、踉跄地走到邹乐跟前。邹乐抬起头看着他，一言不发，可那眼神中包含的东西叫他有些无法承受。现在他觉得自己的记忆似乎出现了一点问题，因为他把很多之后才发生的事情全部融合进了那个瞬间。那个他定定地看着邹乐的眼睛用平板的声音说"我很抱歉"的瞬间。

邹乐张了张嘴,不知道说了什么。

可他知道,从此之后,邹乐窗外的那朵花,凋了。

罗平转过头,盯着女孩起伏不定的胸脯。他忽然不想再待下去了,可他走不了,他的灵魂莫名其妙地被束缚在了女孩的身边,他只能被迫听下去。

"溶血症,来得快去得也快,根本没得救,"院长耸耸肩,"可能你不知道,但我们做医生的最了解,直系亲属之间是不能互相献血的,最容易发生溶血症。那天邹然被推进手术室,罗平用的是邹乐的血。邹乐本身就有遗传疾病,他们姐弟俩之间的融性本身也比正常人高,所以才发生了后面的事情。"

女孩咬紧牙,好半晌,讷讷地开口:"为什么在做手术之前没有检查好?这不是最常规的东西吗?为什么会出现这种情况?"

院长认真地瞅着女孩看了一会儿,叹了口气开口:"那天晚上,邹然工作的地方发生了爆炸,很多人被送过来,医院血库告急。邹乐也许就是那个时候献的血。罗平也许忙晕了头,没有注意,总之——事情就这么发生了。"他苦笑一下,又推了推眼镜,来回走了两步,抬眼看着依旧愣在原处似乎在寻思的女孩,忽然换了种低沉的语气继续开口:"但——也许他并不是你想象中那种人。"

罗平有些惊讶,他将目光回转,看着院长。女孩顿了顿才说:"您的意思是?"

"我觉得,罗平手术失败并不单纯。"

罗平又是一怔,女孩似乎也有些怔住。她的嘴唇轻轻动了动,眸子又黯了些。院长等了等,转过头走到自己的桌子前,开了抽屉,从里面抽出一张名片递给女孩："这是从罗平的口袋里找出来的,你看看,这是邹然工作地方的名片。"

罗平探头去看,上面印着一个妖艳的名字。他还记得那个地方,邹然跟他说过一次。她上班的地方还有许多和她一样的女孩。一样的年纪,一样的青春无敌,一样被生活压迫得喘不过气来。

院长说,这张名片是从他口袋里找出来的,那意味着什么?

罗平觉得自己的呼吸停滞了下,尽管他根本没有呼吸,院长的声音远远的,还在继续。

"我在那个地方见过罗平一次,他当时和邹然在大门口拉拉扯扯。院里面的人都知道他们关系不一般,我不准别人给罗平穿小鞋,才把闲言碎语慢慢压了下去。但是你知道——"院长停了会儿,"不管病人家属,还是病人本身,和医生牵扯不清,都是麻烦的事情。我给罗平说过一次,他说知道了。可过了没几天,邹然被送进医院急诊,罗平给她做手术,事情就这么发生了。"

罗平几乎站不住脚。他觉得自己的胸前裂开了一个大洞,呼呼地往心里灌着风。他难以置信地看着院长,又看着脸色瞬间苍白的女孩。

他无从辩驳,因为没有记忆。他不知道事情是不是这样:自己和邹然牵扯不清,幡然醒悟后,偷偷在手术台上结束了她的生命。

他什么都想不起来。也许他真的像院长暗示的那样是个凶手,那么之后的畏罪或者良心谴责的自杀都事出有因。

可他不希望这是真的,他也不希望女孩相信这个故事是真的。

几天前女孩才对着他的遗像哭得声嘶力竭,他不希望他俩的一切都轻而易举地被几句话毁掉。

他们应该是彼此心里最特殊的存在,不容对方丑陋的面目撕毁这份美好。

罗平猛地挡在了女孩和院长中间。他拼命张大双臂在女孩眼前挥动,他用力喊着:"不要听了,这不是真的!"

女孩的目光穿过他的身体看着他身后的院长,那晦暗的眼神仿佛穿透了他的血肉:"院长,您的意思是,罗平想和邹然分手,可是邹然不肯,罗平就故意……"

"我没这么说,"院长打断她的话,房间也许太热,他满头大汗,边擦汗边说,"我只是把我知道的告诉你,至于真相究竟是什么,罗平已经死了,没有人清楚。"

女孩呆然地伫立着。一阵风过来,撩起些许她的鬓发。罗平心痛地看着她,而她的目光透过了自己。

这是多么悲伤的事情。

"人已经走了,想那么多也没什么用处,你要保重身体。"过了许久,院长的声音再次沉稳地回荡在房间里。

女孩机械地点点头,将那张名片揣进口袋里,转身出了院长室。

罗平不敢去看她此刻脸上的表情。

他不想在那张脸上看见失望和唾弃,他不希望女孩觉得他是个混蛋。

他茫然无措地飘在女孩身后,什么也做不了。他忽然想起那几年他跟在女孩身后的情景:那条狭长的小巷,他一直走在她后面,看着她纤细的背影出神。

他把自己想象成骑士护送着她,在她偶尔回头的瞬间赶紧移开目光。

无论那些日子多么好,都一去不回头了。

再也回不来了。

罗平心如刀绞。

女孩走过长长的走廊，转个弯，来到太平间门口。她再次面对罗平的尸体，静静地凝视着。

罗平站在她身后，不敢喘息，害怕惊扰到女孩，也怕女孩会对着自己的尸体破口大骂。他闭上眼睛。

过了好一会儿，什么动静都没有。罗平心里有些疑惑，就偷偷将眼睛睁开一条缝。

他看见女孩正轻轻用手抚过他的脸颊。自己的尸体肯定已经变形了，他都没勇气去看，可女孩就这么一次次安静地用手指滑过他的脸，他甚至能感应到那种让人战栗的激动。

末了，女孩伏下头。他以为女孩想去亲吻他的额头，不料女孩的唇停在了他的耳边。

他俯身下去，听见女孩用很轻却很坚定的声音开口。

"罗平，我不信。"

那一瞬，罗平以为自己出现了幻听，直到女孩再次开口，提高了些音量。

"罗平，院长说的话，我一个字都不信。你不是这样的人，我知道。"她一顿，慢慢直起腰，用一种缠绵又哀伤的眼神盯着罗平的尸体，"罗平，我会帮你找到答案的，我信你，从过去到现在，我都信你。"

罗平以为自己泪流满面，直到察觉出眼角的涩意，才恍觉自己已经不能哭了。他现在就是一团遗留在人间的思绪，没有身体，没有心跳，没有血液，也没有眼泪。

可他还能清晰地感觉到一丝痛楚。

这是一件多么难得的事情。当别人告诉她那就是真相时，女孩竟能如此坚定地说，自己不信，她不信他是那种人。

可事实是：高中时他们之间连话也没有说过几句，甚至到现在罗平还是想不起她的名字。

可她信他。她抚摸着他已经变形的、难以辨认的、丑陋的尸体说，信他。

罗平忽然想要号啕大哭，也想要问女孩这是为什么。但他什么都不能做，只能咬紧牙，伸出手去拉着女孩的胳膊。

他在那么一瞬间甚至想让女孩不要查了，因为连他自己都不知道自己究竟是什么样的人，会做出什么事情。

他们之间有的只是那么多年前的几个晚上的陪伴。或许他早已经变了，但他不想让女孩看见自己变坏的样子。

他希望自己永远是她本子里写的那个陪着她锦衣夜行的浪漫至死的男孩子。

女孩抚了下头发。她的眼眶明显红了，可她没有哭。她对着罗平的尸体点点头，然后"哐当"一声将存尸盒推回了箱子里。

她抬起头，走出了医院。门外阳光灿烂。女孩抬起手稍微遮了下那刺眼的光线，叫来出租，钻进去。

罗平看见她将邹然上班地方的名片递给了司机。

"师傅，这个地方。"

第四天

女孩来到了红灯区。现在是下午，酒吧大多关着门。她数着门牌来到名片上的地方，那些墙体已经被熏出了炭黑的颜色。

这大概就是院长所说的那场爆炸遗留的痕迹。

女孩伸手去敲门。过了一会儿，门开了，从里面探出个脑袋，睡眼惺忪地对着她:"不好意思啊,我们晚上八点才营业。"

女孩赶紧摇摇头,从口袋里摸出邹然的照片递上去:"请问邹然是不是——原来在这里上班?"

门里的人明显一怔,将照片接过去就着门缝看了两眼,又还给她,眯着眼睛打量她半晌,开了口:"你是谁?"

"我是邹然的朋友。"女孩面不改色地撒谎。

那人又上下看了她一会儿,接着将门关上。很快,里面传来开锁的声音。门开了,那人走出来,吊儿郎当的样子,手臂上还有纹身。

他盯着女孩,目光冷淡:"我可没听说她有什么朋友。"

"我们原来是同学。"

男人看看她,叹了口气。

"邹然已经死了。"他万分怅然。

女孩赶紧点点头:"我知道,她是被那个医生害死的!"

"对,她就是被那个狗屁庸医给害死的!"那男人也跟着骂了一句。他将嘴里的烟往地上一丢,狠狠用脚踩了下,磨出个不大不小的黑点。接着,他看着女孩:"你想问什么?"

"——我听人家说,邹然死前和谁在谈恋爱,是这样吗?"

男人眉心跳了跳,忽然笑起来:"你真是她朋友?"

"嗯……分开后就生疏了,前几天才知道的消息。"

男人咬牙,伸出手:"叫我马哥就行。"

女孩一愣,赶紧也伸出手去:"何晴。"

"何晴"。罗平的脑子炸了下,他想起这个名字了,是了,何晴何晴,何日放晴。他记得当年自己偷偷猜测了很久这个名字的含义,甚至为这名字想过很多诗意的故事。

"邹然——喜欢那个庸医,"马哥又开了口,叹着气,"这里的人都知道这件事情。她每次从医院回来,说起那个庸医,连眼睛都是亮的。"

"后来呢?"

罗平听出何晴嗓子里那一丝丝的干涩。

"我们劝过她,人家是什么人?大医生,最出名的那种。她呢,就是街头一个混混,怎么高攀得上?可是她不听,谁劝都没用,整天往医院跑,除了照顾她弟弟,其实就是想多看那个庸医两眼。"马哥重新抽出一支烟点上,走下两级台阶,眯着眼睛遮着火,点上烟,"有一次那个庸医好像给了她什么东西,她宝贝得不行,拿回来一晚上都在乐,谁都不给看见。那时候我就知道,她完了。"

罗平张大嘴,他想起来了。他给邹然的不是什么了不起的东西,而是一本书,上面介绍了一些音乐方面的知识。

邹然说过她喜欢唱歌,他在书摊上看见时想起,顺手给她买的。他没想到这种随意的举动会渗进另一个人的心里。

"然后呢?"

何晴的神色很平静,甚至露出一些悲伤。罗平不知道那是她装出来的,还是真的。

"后来有一次,庸医来了我们这个地方。邹然高兴坏了,我从来没见她这么高兴过。她和那个庸医出去没多久,她就回来了。问她什么,她都不说,只是两眼红通通的,像哭过一样。再后来,有几天,她变得有些神神秘秘的,我很在意,就稍微跟了一下。结果我发现她在后巷见什么人。我没敢跟得太紧,只看到了那个人的背影。总之,那个人穿着的西装就是庸医来和邹然吵架时穿的那件,烧成灰我都认识,所以我一直确定他们俩在私下交往着。谁知道,没过几天,这里就发生了爆炸和火灾。邹然受了伤,被送到医院。最后的事情——最后的事情,你都知道了。"

"邹然给你们说过她和那个庸医交往的细节吗？任何事情？"

"一次都没说过，我们也不大好追着问。小姑娘，本身沦落到这个地方已经很惨了，难道还要被别人揭伤疤来看吗？"

"所以她和庸医吵架的内容，你们不知道？"

"不知道——"马哥一顿，冷哼了声，"我当时是没听清楚，就听见几个词，什么'不自爱'之类的。反正我想来来去去也不就那一套吗？他们那种坐在办公室里天天吹冷气的人，哪里知道邹然的辛苦？就为了满足自己的优越感，大老远跑来当上帝！"

那声音说到后来已经变了调，显得有些低沉。马哥狠狠地咬了烟头一口，往边上"呸"了声。何晴的脸色不大好。罗平握着拳，一时不知该如何反应。

他依稀记得自己来过这里，这个地方潮湿的味道，还有那些糜烂的光景，都如此熟悉。

他猜他还真和邹然交往过，也许是出于喜欢，也许只是出于同情。可他不明白自己为什么要到红灯区来给邹然难堪，那不该是他会做的事情。

何晴和马哥告别后，站在街角给未婚夫打了个电话，她的声音倦怠，还点了支烟抽着。罗平从来不知道她会抽烟，他觉得何晴抽烟的样子好看极了，像极了大上海画报里妖娆的女郎。

他听见何晴给未婚夫说，她要再去向邹乐问个明白。她似乎已经把焦点锁定在了那两姐弟身上，似乎觉得：既然邹然的死和罗平有关，那么邹乐一定不会善罢甘休。

他跟着何晴又重新回到了医院。此刻是下午六点半，天已经黑了。病房里亮着灯，点明了整栋高楼。

何晴没有通知院长，径自找到了邹乐的病房。里面很安静，她推门进去，邹乐回过头来。另外几个病人已经睡着了，正微微地打鼾。

邹乐更瘦了些，精神也不大好，看起来病恹恹的。

"你好，我是——"何晴似乎在寻找合适的词语，犹豫片刻，才又开口，"我是罗平的未婚妻。我在他的诊断日志里看到了你的名字，想来看看他的病人是什么样子。"

邹乐在听见"罗平"那个名字后，身子猛地绷了下。他低下头，顿了会儿，才又抬起眼。

"罗大夫对我一直很好。"

他的声音很平，没什么起伏。罗平却觉得有些羞愧：自己杀了这个孩子的姐姐，可他第一句话不是埋怨，而是说他很好。

他好什么呢？他只是个畏罪自杀的凶手而已。

显然何晴也没料到少年会用这样的开场白。她顿了会儿，换上笑容，坐在少年身边。

"邹乐，你姐姐的事情——既然罗平已经死了，我就替他说一声'对不起'。真心的，对不起。"

邹乐的双肩收紧了，过了许久，才又垮垮地放松。

"姐姐喜欢罗大夫，所以我不会怪他。"

"你姐姐——跟你说过她和罗大夫的事情？"

邹乐抬眼瞥着她，轻轻点点头。

"姐姐刚开始不承认，可我看得出来。只要罗大夫进房间，她就很高兴。如果罗大夫和她说过话，她就能笑一天。她告诉我，罗大夫人很好，还给她买了书，让她不要再继续做那样的工作。姐姐说，等我好了，她就把工作给辞了，像罗大夫说的那样，正正经经去找另外的工作，或者去读书。"

"你姐姐——和罗大夫……"

"没有,"邹乐很快领悟了何晴想问什么,摇摇头,强调了句,"没有,姐姐没和罗大夫在一起过,你放心。"

何晴笑得有些僵,邹乐又低下头去,呆呆地看着自己的被子。

"姐姐死前——变得有些怪。"邹乐又自顾自说下去,"有一天她来看我时,忽然抱着我哭,问我,为什么她不能和别的人一样好好地活着?然后又说,为什么她那么无能,不能给我最好的条件治病?我问她,她只是摇头,后来把她逼急了,她才说,罗大夫去了她工作的地方,很严厉地把她说了一顿。再后来,又过了几天,姐姐心情忽然好起来了。我以为罗大夫和她和好了,刚要问,她却要我什么都别管,说我的病有救了,有人会帮我。那几天她连走路都在哼歌,后来还给了我一盒磁带,说是她自己录的歌。可没多久,居然就出了那件事情——"

"她有没有告诉你,到底是谁能救你?"

邹乐一愣,抬起头想了想,叹了口气:"没说,但是现在——知道是谁,又有什么意义呢?"

在经过了一天的奔波之后,罗平再次跟着何晴回到了那间房子。何晴将东西放在一边,久久地站在那三张白纸跟前。

她将今天听到的信息写了上去,退后两步端详一会儿,就将邹乐头上的问号抹去。也是,邹乐都病成那个样子,估计连下床走路都有困难,又怎么可能是谋杀他的凶手?

罗平看着何晴,她穿着一件宽松的针织衫,外面披着他那件外衣——上面有些暗色的小圆斑痕。何晴拿回来后洗过一次,发现斑痕洗不掉,仔细看看,才认出是被硫酸腐蚀了的。刚才回家,她接到未婚夫的电话,两人压低声音说了一阵。他没去听,偷听是不好的。

何晴挂了电话,又回到这间充满了怀念的房间里。

罗平盯着桌上的日记本。虽然此刻本子已经合上了，但是跟着何晴回顾本子里的内容所带给他的震撼却没有停歇。

他一直以为何晴家住在小巷的那一头，没想到其实那根本不是何晴的家。

他第一次在晚上跟在何晴身后，自以为是地护送她回家，其实当时的何晴只是去参加同学的生日会。当时何晴发现他在跟踪自己，所以第二天晚上，碰运气地去了那条小巷。

罗平果然在巷口等她。她在本子里写：那就是缘分，即使不深，也还是缘分。

后来罗平天天护送她回家，穿过那条小巷，无声无息地跟在她身后，她也默不作声，让罗平误会了三年。

三年中他们一直这样，一个在前，一个在后，走过那条两人都不需要走的巷子。何晴又写：走多了的路，似乎也就是自己本该走的。一直要到最后分开的时候才会发现，他们之间什么都没存，甚至连只言片语也没存。

罗平看见她的眼眶又红起来，她合上本子，深深地呼吸。为什么他死了才知道这些？如果他早一点知道呢？如果时间能倒回去，如果他在陪着女孩走那条小巷时就知道了呢？

他们之间会有不同吗？

"如果"，是世上最可恨的两个字。

第五天

罗平守在何晴的身边，一晚无眠。他发现自己忘记了很多事情，这几天他跟着何晴像是在一件件地捡起往事，捡得越多，他就越觉得自己又活了一次。

他自杀的新闻已经被撤下来，换成了别的内容。

天亮之后，何晴去了一趟警局。警方的报告证实罗平死于自杀。何晴木然地从警局出来，进了一个咖啡馆。

她随身携带着罗平的相片，就在此刻摸出来看了看，手指抚过他的眉骨处。

罗平盯着自己年轻时的样子晃神，他忽然很后悔，不知道自己为什么要跳下来。

他的尸体在今天火化下葬。

他没有去，因为何晴没有去。何晴在那个时间，去了趟医院，进了他的办公室。他看着何晴收拾他的桌子，很快就会有新的主治医师成为它的主人。

他站在何晴身边，看着她轻巧地收拾。他不知道她要怎么处理这些杂物。父母早已相继病故，也没有情人或者死党可以接收遗物。他倒真心希望何晴能一把火把它们烧了，也许将来他在阴间还能用得上。

罗平苦笑起来。就在此刻何晴停下了动作，她久久地凝视着柜子里的东西，然后伸手去拿。罗平顺着她的动作看过去，发现那是一支胰岛素针剂。

"糖尿病？"

何晴皱着眉轻轻地自问了声。罗平这才想起来，自己是有糖尿病的，病情不重，只是需要控制。他自己给自己注射胰岛素针剂，倒也不觉得日子有什么大麻烦。

何晴慢慢坐下，似乎在沉思着什么。过了会儿，她将那针剂收回口袋里，继续埋头收拾东西。

院长敲了敲门，站在门边看着她的动作，叹着气："年轻人，路还很长，不要太难过，伤身子。"

"我以前太不照顾他，还总是推开他的邀约。"何晴的言语虚假，可悲伤却很真实。

院长走过来些，何晴抬起头看着他："院长，罗平经常抱病工作吧？"

"抱病？没有。罗平虽然很努力，但一直没有太拼命。总是健健康康的。"

"加班呢？他经常打电话给我说自己会加班。"

院长笑了笑，胖胖的下巴跟着抖了抖。他摸出手巾擦擦汗，点点头："加班倒是常事，我们当医生的，哪有不加班的？"

"我能要张他过去加班的时间表吗？"何晴顿了下，表情凝重起来，"我想看看他过去上班的时间表。"

院长点头，摸出手机，转过身去打了个电话。过了会儿，档案科的同事拿着一张硬卡纸过来，递给何晴。

何晴低低地说了声"谢谢"，将卡纸放进那堆东西里。

"以后有什么事情都可以来找我帮忙，没关系。"

"谢谢……"何晴嗯了声，似乎想起些什么，又抬起眼感激地看着院长，"也多亏了您给他开胰岛素的药，免除了这么多麻烦。"

院长听她那话，一顿，伸手拍拍她的肩，转身出了房间。罗平有些惊诧地看着她，不知道她从什么地方猜到是院长给自己开的药。等门外院长的脚步声消失后，何晴才又站起来，将东西一抱，埋着头匆匆地出了门。

她没有回家，而是抱着那些东西直接打车去了邹然工作的地方。

她没有敲门，站在外面仔细地研究墙体上的黑色印记。罗平不知道她在思考什么，只能静静地跟在她身边。

何晴看了一圈，又检查了下线路，眉头皱得更紧。

她摸出电话给当工程师的未婚夫打过去，问了些关于电线老化的问题。罗平敏锐地觉察出她神色异样，她仿佛发现了什么奇怪的东西。

警方的报道说，这个地方因电线老化而引发了火灾。

罗平听何晴讲着电话，越听便越觉得怪异。

"如果我错了呢？如果说——这件事情从一开始，我就错了呢？"

他听见何晴喃喃自语起来。他不知道何晴发现了什么，只觉得女孩的脸色越来越沉，那是一种风雨欲来的预兆。

而何晴再没说别的，阴沉着脸，安安静静地挂了电话。

那天晚上何晴一直在房间里看着罗平的值班表。罗平坐在一边，看着她，他忽然觉得心里很平静，那些生离死别和他已经没什么关系了。

看见现在的情形，人死了真的有灵魂，那么，爷爷曾经告诉他的关于回魂夜的故事，大概也是真的。只是不知道在后天最后的时刻，何晴会不会想要给他烧纸，见见他？

而他自己呢？又会不会真的应了何晴的要求，得到一个小时的准假出来和她告别？

他们一直坐到了十二点，何晴忽然将卡纸放在一边，在镜子前拢拢头发，转身出了门。她再次来到邹然工作的地方。

白天门可罗雀的景象已变成了现在的门庭若市，没有人被那场火灾影响分毫，该怎样行乐还是怎样，日历翻过一页，又是新的一天。

何晴走进那间酒吧，直直地来到马哥跟前。马哥放下手里的调酒杯，带着她进了包间，关上门。

门外的声音被隔绝了，他盯着何晴，面带疑惑："你还想问什么吗？"

何晴定了定神，摸出手机递给他："这是日历，你告诉我，那个庸医第二次来找邹然是哪一天。"

马哥歪着头盯着那些日子看了许久，皱皱眉："那天正好轮到我调酒——应该是十三号，没错，就是十三号。"

何晴的脸色唰的一下变得苍白。也许是因为她的模样有些骇人，马哥挑挑眉，赶紧问："你还好吗？"

"我很好——"何晴点点头，闭了闭眼睛，又睁开，"那庸医来找过邹然几次？就你看见的。"

"其实我就看见过他两次，两次都是来找邹然吵架的，记得挺清楚。"

"别的时候呢？他来喝酒玩的时候？"

马哥摇摇头："不记得了，那个庸医装得道貌岸然的，很嫌弃我们这些地方，不会来。"

"那你们的客人，一般都是附近工作的人？"

也许是何晴问得太直，马哥挑了一下眉，像被冒犯了似的："也不一定，虽然说来的大多都是混子，想揩油、占点便宜，但也还是有大医生这样的人物来的。"

"你怎么知道别人是医生？"

"怎么不知道？一身的药水味，离多远都能闻到。"

何晴顿了顿，从怀里摸出一张照片推到马哥跟前："你看看，这个人来过吗？"

马哥和罗平一起探头过去，顷刻，马哥笑起来。

"啊，来过，是这里有名的常客了。"

何晴低下头，说了声"谢谢"，将照片收回包里。马哥将她送到门口，有些好奇地问她为什么总是刨根问底。何晴摇头，只说自己想知道一些跟邹然有关的事情，在马哥疑虑的目光中转身冲进了停在一旁的的士。

罗平还未从刚才的震惊中恢复过来。何晴疲倦地靠在的士的后座上，揉着太阳穴。罗平发现她浑身抖得厉害，也不知是因为冷还是愤怒。

因为他也一样。

刚才何晴给马哥看的照片，上面是院长的脸。

第六天

回到家时，时针走过了十二点，到了第六天了。这是罗平陪在何晴身边调查自己死因的第六天，也是理论上他能够留在她身边的倒数第二天了。

他沉默地坐在何晴身边，看着她眼睛下面冒出的淡淡青色。她往边上一靠，靠在那个大的抱枕上。而他们之间就隔着抱枕，仿佛并肩而坐。

指针"哒哒"地走着。

院长也去过那间酒吧。院长是常客。院长说，自己不会去那些不干净的地方。院长给的那张值班的表格上面写着，十三号是罗平值班的时间，可罗平却穿着前几日的西装跑到了酒吧和邹然起了争执。

这些事情单独看没什么问题，可合起来，问题就大了。

罗平头皮发麻，身心俱疲。他从没想过会是这样的，何晴却想到了。从一开始何晴的唯一信念就是相信他。

何晴从口袋里摸出那支胰岛素的空瓶子，放在灯光下看了看，里面还剩下几滴液体。

她摸出电话，拨了个号码。那头接起来后，她用一种极其疲惫的声音开口："你能帮我查查胰岛素的浓度吗？……要多久？……好，我不睡，我等你的消息……没关系，我不睡。"

对方取走那只胰岛素的空瓶后，何晴就真的没睡。罗平一下一下抚着她的眉，没敢碰别的地方。他知道自己冷，自己都嫌自己冷，哪能给别人温暖？

可他还是很舍不得何晴。

他就这么守着何晴一直到了天亮。何晴的电话响起来，她几乎在第一时间就蹦起身，抓起了电话。

那头传来清脆的声音："浓度超标了百分之三。"

何晴顿了良久，说了声"谢谢"，放下电话。

罗平无言地看着她。他怎么也没想到，自己竟是这样死的。

胰岛素的浓度超标会引起暂时性的头晕。如果超得太多，比如超百分之三，那么人体的体温会在代谢中急速下降，引起暂时性的休克，严重的甚至会导致死亡。

这是常识中的常识。罗平忽然觉得，自己就是个傻子，在医学常识上疏忽了一次，还来第二次。

何晴狠狠地吸了口气，起身扒拉一下头发。她的动作有些粗鲁，双眼也有些泛红。

她抬腿出了门，再次叫了出租车，目的地依旧是罗平的医院。

她这次径直去找了邹乐。

才一天不见，邹乐似乎又瘦了一圈，说话时有些气若游丝，哑着嗓子，像是哭过。何晴坐在他床边，给他削苹果，他沉默地吃着，病房里笼罩着一种奇怪的氛围。

"我听了姐姐的歌，很好听。"邹乐开了口。

何晴抬起眼看着他，停下手里的动作。邹乐"咔嚓、咔嚓"继续咬着苹果，定定地也看着她。

"姐姐什么都没留给我，除了自己的歌。罗大夫留给了你什么？"他强调了一次。

何晴忽然眼眶一红，埋下头："他——没什么好留给我的。"

罗平皱眉，上前将手悬在何晴的肩膀上方想摸摸她。邹乐听她这么说，长长地呼出一口气，转过头看着窗外忽然笑起来："我觉得真奇妙。明明是罗大夫医死了我姐姐，可我却不恨他。他是好人。我被关得发疯，有一次偷偷出去，正巧碰上罗大夫和院长在天台抽烟，他害怕烟影响我，赶紧给灭了，又把我给带了下来。"

何晴抬眼，邹乐继续说着莫名其妙的话。

"你看，窗外又开花了。等到夏天，会开满一个窗户，然后一夜又全都凋谢了。我原来总会偷偷出去给姐姐采一两朵，等她来了，就给她。"他转过头来，"我姐姐很喜欢花。她是很漂亮的人。你看，今天我又去采花了，今天是姐姐的头七。今年的花开得很艳，她应该会喜欢。"

邹乐像献宝一样将放在床头的花递给何晴看。

"嗯。"

邹乐脸上的表情更柔和了，安安静静地注视着何晴。

何晴开了口："邹乐，你是什么时候献的血？"

邹乐盯着她，忽然笑起来："其实也不算献血，只是一种必要的洗髓程序。就在姐姐死前几天，一个护士来给我采的样。"

"你身体这么虚,为什么会给你抽血?"

"院长来看我的时候让我抽的。没想到他们后面把我的血样给了姐姐。"

他说完,从何晴手里又接过一个苹果,放在嘴边,大口地咬了下。

何晴离开病房,回到自己的小区。她没上楼,坐在小区里的长椅上。楼道里很安静,偶尔会传来几声呜咽,可仔细听就会发现那不过是穿堂而过的风声罢了。

罗平挨着何晴坐。何晴感觉有些冷,往上拉了拉衣领。罗平见状就赶紧移开一些。

过了许久,何晴才慢慢睁开眼睛,摸出了电话。

她报了警。她告诉警察,一切都是院长干的。院长出入红灯区被人认出来,为了保护名誉,他要邹然守口如瓶。邹然发现,自己可以用这件事情威胁院长,为弟弟敲诈医疗费用。

院长心生恨意,正巧发现罗平和邹然走得极近,于是趁罗平值班的时候偷了他的外衣,来到酒吧门口,与邹然争吵。随后,院长假借抽样为名,取走了邹乐的血液。最后,用硫酸腐蚀了酒吧门口的电线,引发了火灾。

他的打算是,如果邹然死于火灾,那么最好;如果她没有死,他就用邹乐的血使邹然死在手术台上。当然,作为主刀医生的罗平不可能不产生怀疑就这么背黑锅,所以在给罗平开药的时候,院长偷偷加重了胰岛素的浓度。

罗平注射胰岛素后,如往常一样,来到天台抽烟。尼古丁加速了血液循环,一支烟没有抽完,他就从天台上摔了下去。

尽管没有铁证,可她的推理合情合理,手里还有胰岛素的瓶子和罗平大衣上硫酸的痕迹。院长是给罗平开胰岛素的人,也了解胰岛素,因为他自己就患有重度糖尿病。只有得了糖尿病的人,才会那么虚胖、体弱、老盗汗。那头听完,犹豫片刻,答应调查。

她倦极了似的,放下电话。罗平想去扶她,可他根本无能为力。

他和何晴并肩坐了良久,直到何晴呆呆地吐出一个问题,他才浑身忽然像过了电一样意识到什么。

"邹然为什么会去录磁带给邹乐呢?这个年头还有谁会去听磁带?"

就在那一刻,他们都意识到一个严重的问题:今天是邹然的头七,邹乐说他给邹然准备了今年的花。

他听了邹然录下来的东西,他已经不打算活下去了。

何晴打了的士,几乎跌跌撞撞地冲向医院。罗平跟在她身后,看着她被汗水浸湿的发。他觉得何晴此时与邹乐心灵相通,他们都失去了重要的人,胸口都有个大空洞。

就在何晴将要跨入医院大门的那一瞬,身后传来轰然的巨响,她猛地停下来了。

阳光灼然,烘烤地面。而她全身都在颤抖,无法自已。罗平愣愣地看着眼前的院长,还有邹乐。

他们一起从天台上摔了下来,手和脚缠得很紧。邹乐脸上还挂着一丝怪异的笑容,他仰着头看着天,眼睛没有闭上,满脸都是血。

有人发出尖叫。罗平抬起脚,急急地跑上前去。何晴忽然一下跪坐在了地上,她始终没有回头,把自己的脸深深地埋在手里,叫人无法看清她此刻的表情。

邹乐留下了那盒磁带,何晴把它交给了警方,她慢慢地走在深夜的街上回到家里,关上门,没有脱衣便沉沉睡了过去。

这是这几天来罗平唯一一次看见她好生睡着的模样，睫毛微微地颤着，又脆弱又美丽。

他一直守在何晴身边，他以为鬼是不会困的，可谁知道，他竟也睡了过去，睡得那么沉，连梦都没有。

最后一天

罗平醒来时，已是最后一天的傍晚。他不知道自己怎么会睡了那么久。何晴坐在沙发上，裹着毯子，看着前方的地板发着呆。

罗平伸出手，揽住她的肩，她颤了颤，将毯子裹得更紧。她手里捏着那个黑色的笔记本，电话就放在一边。

过了一会儿，罗平看见她在手机上缓缓地拨出一个号码。罗平皱起了眉，那是他生前的号码。

何晴将电话放在耳边，那头传来空号的提示音。何晴忽然笑了笑，兀自开了口。

"嗨，罗平，是我，何晴，还记得我吗？"

罗平浑身一震，不由自主地开口回答：

——记得，我记得你。

"真是很冒昧，这么突然给你打电话，我有些话想跟你说。"何晴的声音回响在空空荡荡的房间里，她甚至有些局促地绞着发梢，缠在指尖慢慢地玩着。

"我今天打电话来，就是想告诉你，我要结婚了。我喜欢过你，我很后悔我当初没有告诉你。我怕这一辈子再也没有机会告诉你，我喜欢你。我喜欢你，我喜欢过你，很认真地喜欢过你。"

罗平怔怔地看着她，她近在咫尺，他却摸不到何晴，他绝望地微笑，在何晴耳边说：

——我知道，我也很认真地喜欢过你。

"以前我不知道。我总觉得，就算没有你，我也一样可以过得很精彩。可当我真的得到了整个世界，却还是不满足。后来我才发现，那是因为我没得到你。我永远也得不到你了。每当想起这个现实，我都觉得那些已经得到的，是多么微不足道。"

——不是微不足道，你还活着，你可以活得很好。那个人可以让你活得很好。

"我订婚的那个晚上，忽然觉得很难过。我想起了你，我很久都没有想过你了，可那天我很想你。我哭了很久，我把我整个青春的那些想要哭却没能哭出来的眼泪都流了出来，一直到天亮。原来那么多的眼泪，那么多的痛苦、忧伤，突如其来的惆怅、孤独，都是因为一个人。都是因为你。可为什么突然之间，我就不喜欢你，你也不喜欢我了，为什么？"

——因为我们分开太久了，因为我们什么都没来得及说。

"罗平，我曾经想，我结婚的时候一定不会请你，我不会让未来的人知道你的存在。我谁也没有喜欢过，我的丈夫是我的初恋。不然，我会一直问自己，为什么陪我到最后的不是我用整个青春去喜欢的男孩子？"

——对不起何晴，对不起。

"这么多年，我一直觉得心头有东西在，不是很重，但是我放不下。我会突然觉得很伤感，但是我找不到原因。现在我知道了，因为我根本不想去想。我觉得，思念太伤人了，时间也太磨人了。我曾经那么喜欢你的，我以为我会喜欢你一辈子，我以为你会一辈子都住在我梦里的，结果我还是忘记了你。"

——你没有忘记我，何晴，你帮我找到了杀我的凶手。

何晴长长地呼出一口气，挂上电话，忽然哭起来。她哭得那么大声，那么汹涌，像要把心脏都哭出来一样。她的声音在整个房间里四处乱窜，从这个角落到那个角落，将忧伤填满了整个屋子。

罗平在她的号啕声中潸然泪下。

何晴的眼泪顺着脸颊滑下来，他伸手去接，那泪水穿过他的皮肤、他的血肉、他的骨头、他的手心，掉在地上。

他甚至感觉不出那泪水是滚热的，还是冰凉的。他呆呆地看着那眼泪，他觉得非常后悔，可一切都没有重来的机会。

他忽然明白这就是他的往生刑。

何晴哭到天黑，终于停了下来。她肿着双眼走到镜子面前，给自己梳了个好看的发型，她仔细地描了个眼线。她回身，从桌子下面摸出一个袋子，提着出门。

她打车来到了他们的高中,那条小巷的前面。她蹲下身,将袋子放在地上,里面装着蜡烛和纸钱。

罗平看着她,她摸出打火机点了火,火光一闪一闪的,照亮了她的眼睛。

"罗平,今天是你的回魂夜,我想看你一眼,你出来吧。"她说着,眼眶又红了,接着开始一张一张烧纸。

罗平蹲在她身边,看着她的模样,看着她强撑起来的微笑。他觉得心如刀绞,不知道为什么,每次在何晴对他微笑的时候,他总是想哭。

回魂夜,是他该走的日子。他还有最后一个小时的时间,爷爷说最后一小时是给鬼魂的最后恩赐。

他觉得身体很轻,他站起来,站在何晴身后。

他伸出手,去触碰何晴的衣服,缓缓地将手伸向她,而后,他摸到她了。

何晴浑身打了个激灵,转过头来。他从何晴的眼里看到自己的样子,他咧出笑容:"嘿,何晴,我来了。"

何晴张大了嘴,嘴唇颤了颤,似乎想说什么,可最终只是一个微笑的弧度:"啊,罗平。"

燃烧中的纸钱忽然被风一吹,飘了起来,灰烬四散,就像那十几年的光景慢慢地、慢慢地一寸寸地消散在眼前。

"罗平,你可以为我做一件事情吗?"

"什么事?"

"你能牵着我,再陪我走一次这条路吗?"

"……好。"

天上朗月,风凉如水。她朝一旁直直地伸着手臂,一步步前行。

那条街是他们小时候无数次走过的。上学的时候，他总走在她后面，他们一句话都没有说过。长长的街道没有路灯，他像是在保护她。

他们走得很慢，罗平一直侧过头看着她，她也看着他。这样的女孩，为什么当初他没有告诉她，他爱她？

最终，他们走到了小巷的尽头。

何晴的声音响起来："罗平，我们到了。"

"嗯，我要走了，"罗平伏下头，轻轻地吻了下何晴的额头，脸上带着笑容，"何晴，新婚快乐。"

眸色

幕起

喝下酒后,那种冰冷的死亡气息便缓慢地顺着食道一点点侵蚀他的胃部。他用每一个味蕾品尝着略带酸楚和苦涩的味道,舍不得放过杯子里的任何一滴液体。

几乎就要伸舌头去舔舐杯底了。

乐儿坐在他的对面,双手绞着衣服。他觉得好笑,却又感到莫名酸楚,有些想伸手安抚这个小妹妹。一切已经安排妥当,药效会在大约半个小时之后发作。如果可以,他其实并不想让任何人看到自己悲惨的死状。

乐儿的眼睛一如既往,是恶红色,随着他慢慢地吞咽,那种红渐渐地,变成了一片清澈的蓝,犹如海洋般静谧、安详。

他突然悲痛。那种颜色他在迟欢的眼中也见过一次,那一次,湛蓝无瑕,像是天空,也像大海,然而等他将目光下移,映入瞳孔的却是车祸的惨状:他们的身体卡在座位之间,一滴一滴的鲜血带着腥浓的味道滴下;迟欢就浸淫在一片汪洋血泊之中,用那双逐渐失去神采的眸子紧紧地、紧紧地看着他。

深爱之人逐渐消失在他的跟前,他永远无法忘记当时的感受。

为什么要爱他呢?他爱的人们,为什么非要将自己的生命寄托在他这个罪人的身上呢?既然要杀了他,就应该干净利落地下手,为何偏偏要爱上他呢？而他又到底背负了怎样的厄运，非要看到这种叫人窒息的爱恋呢？

一　命案

刺耳的警笛划破黎明的沉寂。高队一个激灵，醒过来，抬腿踢了踢前面的汽车座椅，小刘扭头。

"头儿？"

"弄那么响干吗？大清早的还让不让人睡觉了？"

"哎哎、是是，"小刘顿了顿，"就是想着高峰期，让他们给咱让个道不是？"

"有什么好让的？反正都是尸体了，又不赶，你还怕他们活过来跑啦？"

小刘"嘿嘿"干笑两声，点点头，赶紧对胖子使了个眼色。胖子"啊"了声，嘴里喷出一股牙膏味的口气，迟钝地看着他。小刘从后视镜里瞥了眼高队越皱越紧的眉，咂了下嘴，踢了胖子一下，压低声音："把警灯取下来！"

胖子这才反应过来，慢半拍地"哦"了声，困难地开了窗，挤出头去，伸手将警灯从车顶抓下来。警笛声停了，高队打了个哈欠，整整帽子，换一种更舒服的姿势，伸了伸腿，眯着眼睛开口："胖子啊，你每天都这么迟迟钝钝的，是怎么回事？晚上偷鸡还是摸狗了？"

胖子"嘿嘿"傻笑着摸摸头道："打麻将打的，输惨了。"

"手臂上怎么回事？一道一道的，"高队顿了顿，露出个不怀好意的笑,"叫你别吃宵夜,要克制,要注意形态。看吧,胖得皮肤上全撑出妊娠纹了。"

"肥胖纹。"

小刘憋着笑,回了一句。胖子"啪嗒"蹬了小刘一脚。高队换了个姿势,哑巴哑巴嘴,也没睁眼,继续睡了下去。车行一个半小时,开到废旧的工厂区。

高队下车,伸了个懒腰。先到的同事们已经拉上了警戒线。周围荒芜,没有指指点点的路人。

高队带着小刘和胖子,撩起警戒线进入警戒区域。在巡视了一周后,高队的目光最终锁定在现场的中央。那里的地上,平摆着三具尸体。

高队伸手,小刘用手肘捣了胖子一下,胖子一顿,赶紧从怀里摸出口罩递给高队。他捂住口鼻,探身过去,撩开白布。

三具尸体的脸被野兽咬得面目全非,脑浆从后脑流出,半凝结在他们稀疏的头发上。

小刘有些反胃,不管看多少次,还是不能习惯现场的气味和这些形状怪异又悲惨的尸体。

高队将白布放下,扭头看看他。

"要吐的话,去那头。"

接着,他轻轻提了下裤腿,蹲下身,就着手里的口罩,拉起一只骨瘦如柴的手腕。

"手上没有指纹——"

高队轻轻地说了句,接着回身。小刘脸色煞白。胖子攒着眉,捏着拳开口,那声音就像从喉咙深处挤出来的一样。

"多大的仇,得这样。"

高队顿了顿,看着胖子开口:"还没定性的现场,也可能是自杀。"

胖子的眉越皱越紧,贴着裤缝的手狠狠捏着拳。

"不管怎么样,人都不该这么死。"

"哟,还挺热血嘛。"

高队笑了笑,起身掸了掸灰。

"行了,收队回去。小刘,你去查查这几个人的身份,看和之前找到的那具有没有关系。别给我闹出个什么连环杀人凶手就行。胖子,你记得盯紧鉴证科,催他们赶紧给我把报告整出来。"

一阵秋风刮过,高队打了个哆嗦,话音到末尾颤了颤。他搓搓手,抬起头,天上有黑色的鸟伶仃飞过,间或发出孤寒的叫声。

"变天了啊——是时候加秋裤了。"

高队自言自语道。

二　自导自演

落座后,乐儿将纤细修长的手指轻轻搭在酒杯边缘,轻轻地晃动着杯中的那一点酒水。房间里昏暗的光线因四周凹凸不平的玻璃而折射了几个来回,最终定格在酒杯中央那一处漩涡上。

红色的冰葡萄酒,要等到隆冬时葡萄被大雪冻结成霜白的颜色,再一个个摘取下来,捣碎、发酵、酿制,味道甜蜜又醇浓,不加注意就会贪多上瘾,全身心地醉过去,不省人事。

这样很好,这样最好。

他举起酒杯,轻轻摇晃了下,眼睛瞥了瞥乐儿,旋即移开。那颜色并没有改变。

"镇定。"他告诫自己。此刻任何的异常都有可能吓退对他有杀意的乐儿。

房间里的钟表"滴答"走着,乐儿稍稍挪动了下身子,皮质沙发在摩挲中发出"沙沙"的响动。这里只有他们两个人。

没有目击者,没有监控,没有可能出现的一切意外,需要的只是一点点小小的勇气而已。

"今天怎么这么早?"

"嗯,我们开会,提前下了班,我就过来了。"

说罢,乐儿又抬头看了看墙上的挂钟,接着在低头的瞬间,又故作不经意地瞥了眼自己的手表。

"她在对时间。"他在心里小声地告诉自己,并为乐儿这样的缜密而叹服。乐儿对答如流,声音沉稳,过来之前,她想必已经反复排练过两人间可能进行的一切谈话。

所以——他的目光随着她的游移着,最后停顿在手提包上。

拉链拉着,口子扣着,严丝合缝。精致的红色手提包内俨然一个神秘的世界,而躺在世界中央的无论是什么药物,一会儿都会掐住他的喉咙,置他于死地。

他叹了口气,很快移开了视线,仰头大口喝了一杯冰葡萄酒,接着又给自己满上。

在细细的倒酒声中,他似乎听到了乐儿呼吸声中的狐疑。

他必须一杯接一杯地灌自己,但又要保持最后一丝的清醒。

"刚才黄楼来过了。"

乐儿明显地顿了顿,这个情况让她始料未及。

"你遇到他了吗?"

乐儿的眉头攒起来,仔细思考了一会儿,摇摇头。他长长地叹出一口气,这才彻底放松了,往后稍微仰了仰,靠在沙发垫子上。

嗯,黄楼也一定没有看到乐儿。时间他算得很精确。刚才那样问,与其说是确认,倒不如说是给乐儿提个醒,免得她动手时弄巧成拙。

"那家伙,早就看我不顺眼了。你也知道,最近那笔生意一直谈不下来,他拉不到我这边的合约,业绩一定会受影响。"

乐儿迟疑地点点头,环顾一下周围。

"你们——刚才吵过了?"

很好,乐儿是个聪明姑娘,她已经发现了丢在墙角的文件以及被随意整理过的还不免露出争执痕迹的客厅布置。

这为她节省了更多的时间,提供了更多的便利。

"是啊,那小子疯起来就像条狗,吵得整栋楼都能听见。"

"他说什么了?"

"嚷嚷着要杀掉我。"

他挑起眉,不出意外地看见乐儿僵直了身子。他冷冷地嗤笑了一下,往前倾身,从怀里摸出一包白色的东西丢在桌上,大着舌头开口。

"喏,你看,我早就准备好了。"

乐儿探头,看着那个只有拇指大小的白包,疑惑起来。

"这是什么?"

"黄楼他们做的药。"他顿了顿,伸手将包打开,露出里面白色的片剂,"就这个,他们偶尔会拿去给老人吃的药。"

"就是你说的那种药?"

"嗯,对。黄楼告诉过我,这种药可以镇定神经,减轻老年痴呆的疯劲。本来是个好东西,可他们老板心黑,想早点投入生产,所以暗地里给孤老院的老年人吃这种药做实验。前两天出了事情,被他们压了下去。"

"什么?!"

乐儿的手颤抖了下,酒杯晃荡,酒水洒出来一些,洒在桌上。她赶紧回头从包里摸出纸巾,擦拭着那块污渍。他伸手,拦住了乐儿的动作。

"没关系,这房间很久没打扫过了,我叫了钟点工阿姨,大概——"他抬头看了看钟,"大概一个小时以后会过来。"

一个小时,这个时间足够乐儿谋杀他,并悄无声息地离开。

"给我说说黄楼的事情,你们两个就是为这种药争吵?"

"不止。"

他又喝了一杯,接着将最后一点酒倒进杯中。他的口舌异常干渴,在口腔里发木发麻。酒精开始侵袭大脑,他的思维陷入短暂的停顿,所幸的是,他还保有最后一丝理智。

"给老人试药这个主意,也是黄楼提出来的。三年前,他策划开了这家敬老院,打着照顾独居老人的名号,其实背地里就是在给老人们试各种不同的药物。刚开始他们还只是试验一些抗敏类的轻型药剂。一年前,他们研究所的资金链出现问题,风投不愿意继续注资,黄楼就决定用老人们试各种药。"

"你——一年前就知道了?"

他点点头,取下眼镜,擦了擦。不用眼镜看到的世界显得虚幻又模糊。他眯起眼,看是否能从乐儿的目光中看清对他的厌恶。

"是的,我知道,也参与了。"

乐儿抽气的声音明显已被刻意压制过。他笑了笑,将嘴角的弧度隐藏在高举的酒杯后。

"药物在最开始是有效的,不能治愈老年痴呆,但能抑制他们的幻觉和幻听。可到了后来,出了一件事。"

"什么？"

"有人死了。"

乐儿的呼吸瞬间停滞了。他抬起眼，盯着乐儿，用一种漫不经心的态度耸耸肩。

"有两个重度患者，用量过度，死了。"

三　下毒

乐儿觉得这个男人的每一句话都那么不怀好意。她的目光回旋，避开与他的正面交锋，长久地停顿在桌面那包白色的小药片上。

男人的话就像魔怔一样持续回荡在她的耳边。

"就这么几片，同时下去，没多久人就走了。这药啊，用得好能救人，用得不好，就是毒，谁都拿捏不准。"

如果不是了解面前这人的恶劣本性，乐儿几乎要以为他是在引诱自己杀掉他了。但他这样做的目的是什么？思考间，男人又浅浅地抿了一口葡萄酒。他的脸色潮红，已显出十足的醉态。

如果这个时候下手——

一思及这些，乐儿就觉得整个人如同着火般烧了起来，指尖颤抖着，无法抑制地想要扼住他的喉咙，用力锁紧，直至他无法呼吸，如垂死挣扎的鱼虾般在她的手心里逐渐死去。

想要杀死他，从认出他的那一刻起，无边的仇恨就充满了她的每一寸肌理。

想要杀死这个人，想要他用最痛苦的方式死去，想要他爱上自己，然后自己毫不留情地如同抛弃垃圾一般抛弃他。

因为那就是他杀死姐姐的方式,让姐姐爱上了他,然后再背叛了那份深沉的爱情。

他早就应该死了,在那场埋葬了姐姐的车祸里,他早就该死了。所有人都以为那是意外,只有乐儿知道,那是一场预谋已久的谋杀。

乐儿深深地吸了口气,抬起头。

房间里只有钟表走动的声音。男人没有安装摄像头,他不会提防自己,相处了两年,乐儿对这点颇有自信。

而今天,今天是姐姐的忌日。她潜心接近这个家伙,至今已经两年多了。这场谋杀也已经准备了两年多。她摸透了这个家伙的生活规律、作息习惯,知道他家门口的每一个监控位置,弄清楚了他的每种饮食偏好——一切都是为了这一天。说起来还要感谢这个男人,要不是他前两天无意间跟自己抱怨说,监控坏了,乐儿还不敢在这个时候堂而皇之地出现并下手。

她刻意调快了办公室里的挂钟和同事的手机,提前一刻钟出了门,到药房取走了她之前准备好的装有氰化物瓶子。

里面的东西只要一滴就能致命。

她没想到的是,黄楼竟会先她一步出现,在现场留下这许多的证据。她更没想到的是,面前这个男人原来不止害死了姐姐一个人。

男人往后仰,无力地靠在沙发上。桌上的毒药近在咫尺,乐儿几乎移不开自己的双眼。

"出事之后,黄楼来找我,求我帮忙。当时公司正在上市阶段,如果爆出这种丑闻,肯定会前功尽弃。无可奈何之下,我还是帮了他。"

"你怎么帮的?"

"弃尸。"

"你们……就不怕被人发现?"

"不怕,黄楼好歹也是个一流的科学家,他知道一般鉴定会得出什么结果:瞬间心脏麻痹。如果不仔细检查,很难发现残留的药物,所以有八成以上把握会定性为突发性心脏病。"

"只有八成?那剩下的两成呢?"

"所以他做了点其他的伪装,让死者看起来是被野生动物咬掉了脸。"

男人吸了口气,抓抓后脑。

"我原来以为这样的意外会让黄楼收手,没想到,居然让他想出了另外的生财之道。等我再发现的时候,已经晚了。"

"他们干什么了?"

"他们把所有孤寡老人的资料记录,包括所有病史,都提供给别的科研机构。"

"人体——试验?"

男人点了点头,乐儿胃中一阵翻江倒海。

"他们把这些老人当成细菌和病毒的培养皿,再使用自己研发的各种药物进行治疗。有的老人病好了,药物成功。有的就只能死了。"

"这就从来没被发现?"

也许是声音提高了一个八度,男人抬起眼,懒洋洋地看了看乐儿。

"他们当然有自己的办法。那种能检查出来的,统统毁了容,弃到野外;检查不出来的,直接被宣布病亡。反正没人理会老人院,他们研发上市了那么多有效的药物,舆论支持来都来不及,谁会揪着一两个老人的死不放。"

乐儿的喉咙像被人扼住了一般,半晌发不出声响。面前的人是魔鬼,用这样轻浮的语气描述着如此恐怖的事实。

他是一个没有心的人。

而自己竟可悲地爱上了这样的人。

思及此,乐儿只觉得口鼻酸涩,仿佛只要再多一句话,就会止不住号啕大哭起来。

"而我呢,虽然没有参与实际的杀人,却也参与了一星半点。为了公司利益,我没阻止过他们,相反还提供了许多便利。"

男人继续着那种低沉的喃喃自语,手指抚摸着杯口边缘,神情冷漠。

"所以你说,其实我算不算另一种凶手?"

乐儿几乎要尖叫着点头称是了。她咽下惊呼的欲望,抬起头,再次看了看时钟,还有半个小时,保洁的阿姨就要到了。

刚才听这个人说,药物发挥作用得有个漫长的过程,并不是一蹴而就,所以只要算准了时间,自己离开后,保洁的阿姨到了,他才死,那么自己就彻底没有了嫌疑。

她的心脏剧烈地鼓噪起来。

男人摁着头,打了个嗝。

"抱歉,好像有点喝大了,我去下洗手间。"

他毫无防备地离开,留下乐儿一个人在房间里。乐儿竖起耳朵,仔细聆听着男人的脚步。

一声,两声,三声。

好了,他进厕所了,他拧开了龙头,水流出来了。

"哗啦啦","哗啦啦"。

接着她又听到了干呕的声响。

乐儿几乎无法控制手的颤抖。她慌张地从包里摸出小药盒,里面放着她平时吃的维生素C片。

男人桌上的药物竟和她的维生素片一模一样。

她倒出三颗，有一颗还掉在了地上，滚了一圈。乐儿几乎是俯冲地抓住那颗还在滚动的药丸，将其捡起，接着将桌上的药物掉了个包。

男人还在持续呕吐，一时半会儿也许出不来。乐儿一边死死地盯着厕所的门，一边加快手里的动作，将小药片尽量磨碎，更细碎一点，碎到入酒即化的程度。

接着，她将所有的残渣倒进了剩下的那半杯酒里，小心地不留下任何指纹。

"运气之神一定眷顾着我。"乐儿心里这样想着。大概也是看不惯男人之前所做的一切伤天害理的事情，所以默默允许了她的这次谋杀。

她这是为姐姐报仇，也是在替天行道。

在最后一点粉末彻底分解在杯子里之后，男人终于摇摇晃晃地从厕所里出来了。

他抱歉地看着乐儿，笑了笑，坐回椅子上，举起酒杯。

乐儿清晰地听见自己的心脏跳动的声音，如重锤响鼓。

男人摇晃着杯中红色的液体，沉思了片刻，抬起头看着乐儿，咧出笑容。

"乐儿，你爱我吗？"

乐儿顿住了。男人的表情一派天真无邪。

"爱。"

那个字从咬和的牙缝中生硬地被挤出，乐儿几乎晕厥过去。男人的神色却在此时，一转为悲伤。他忽然仰头，一口喝掉了杯中所有的酒水，喉结上下蠕动，发出轻微的吞咽之声。乐儿眼睁睁地盯着他喝下去，胃中忽然有灼烧感，不知为何，一种奇怪的感觉陡然升起，就像——男人其实是有意要让自己杀了他。但这是为什么呢？

杀了他，到底能怎么样呢？

可就在乐儿还没想明白这个问题时，男人已将杯子放下，擦了擦嘴角，露出倦态，指着大门，对她挥挥手。

"可我不爱你啊，你走吧，我们别再见面了。"

四　调查

高队带人到达这户人家的时间是晚上八点。报案的是个上门服务的清洁女工，报案时间为七点二十，清洁女工目睹了死亡的全程，此刻正瑟缩着躲在房间里，捂着脸嘤嘤哭泣。物管是个老头，弓着背，警员们正在询问他。

高队站在楼梯口，长久地凝视着门牌号：一〇二这个数字。小刘跟上前，有些疑惑地跟着看了看。高队忽然转头。

"小刘，这个小区有多少户人家？"

"头儿，这是个高档社区，好像没多少户，九十来户？"

话音刚落，小刘忽然一愣。

"咦？那门号怎么会是一〇二？"

高队裹了裹衣服，抽抽鼻子。

"走，进去问问。"

说着，一前一后，他和小刘大步跨进这间为人熟知却又神秘无比的房子。

这间装潢简单但用材却异常昂贵的屋子，属于本地制药龙头——胡佑明，死者正是屋主本人。

"啧啧，有钱人就是不一样嘿，连晾衣架都是金丝楠的。"高队瘪瘪嘴，将手背在身后，一边绕着圈，一边仔细打量着房间，"喂，胖子，我说你注意点，别碰到什么东西。"

胖子"哦"了声，往旁边略微躲了躲。高队抬起头，看着胖子身后的油画，忽然皱了眉，两步越过胖子，靠近那幅画，仔细地看了看，喃喃自语着。

"又是一〇二啊……"

小刘跟着凑近，这才发现图中的女人正在桌上奋笔疾书，而她写下的数字恰巧和门牌号一样：一〇二。

小刘正要说什么，忽然从屋子里钻出来一条狗，冲小刘"汪汪"地叫了起来。小刘怕狗，"嗖"一下躲在了胖子身后。胖子伸手想要拦住狗。高队挑眉，蹲下身，伸手想逗那狗，狗龇着牙，冲他狂吠不停。

清洁女工听见了响动，探探头，赶紧出来，弯腰摸了摸狗的脑袋，那狗这才缓缓停了下来。

"它见人就叫？"

"嗯——胡先生养它就是为了看门的。"

"它认识你？"

"要它认识也花了不少时间呢。我帮胡先生打扫快有三年了，直到今年它才渐渐认了我。"

高队摸了摸下巴，盯着女工。

"大姐，请问你打扫的频率是？"

"大概一个礼拜一次，胡先生就算不在，也会把钥匙留在门口的。"

高队挑挑眉，忽然露出一抹笑意。

"有意思。那今天您来之后，听见狗叫了吗？"

女工一愣，下意识摇了摇头。高队转身瞥了眼还躲着的小刘，对他比个手势。小刘盯着狗有些犹豫。那狗龇着牙恶狠狠地瞪着他。

"什么出息。"

高队"嗤"了声,旋即换了人,指指胖子。胖子犹豫片刻,走到高队身侧,微微弯腰。

"去附近问问,看今天有没有人听见这家的狗叫声。"

高队说罢,回头看着那依旧龇着牙的狗,伸手抓了抓它的耳朵。

"大姐,那就请您再把案发经过跟我说一次吧。"

女工哆嗦了一下,埋下了头。半晌,她深呼吸一口气,抬起脸来。

"胡先生死得很突然,我,我不明白。"

当天下午,女工到达时,胡佑明正坐在客厅里。看得出他之前喝了酒,此刻正撑着额头,一脸昏昏欲睡的样子。

房间里有些凌乱,就算是她,也能看出之前似乎有其他人来过。

她小心翼翼地靠近胡佑明,确定对方还清醒之后,开了口。

"胡先生?喝酒啦?要不要回房去睡?"

胡佑明忽然睁开眼看着她。

"几点了?"

"现在——"女工抬头看了看时钟,自己很准时,"七点了,胡先生。"

胡佑明"哦"了声,摆摆手,摇摇晃晃地起身。他身材瘦削高挑,穿着那件最爱的淡蓝色睡袍。

"我喝得有点多,想进去休息一下。之前把厕所弄脏了,麻烦您先从那里开始打扫。"

说罢,胡佑明慢慢地一步一步地往卧室过去。自那之后,女工一直待在厕所清理胡佑明吐出来的秽物。她从没见过胡佑明将厕所弄得如此脏乱不堪，印象中的胡佑明一直很温文尔雅。后来，她听见卧室里传来一阵异响，她放下手里的东西，冲进卧室，看见胡佑明整个人痉挛着倒在地上抽搐，嘴里吐着白沫。

她吓坏了，手足无措，呆呆地愣了半响，直到被自己的惊叫吓醒，这才冲出房间打了急救电话。

接着她用仅有的一点医学常识试图挽救胡佑明垂危的生命，可惜回天乏术。

他伸直四肢，有些僵硬地躺在地板上，无神的双眼盯着天花板。他知道，女工走过来跪在他身边，就困难地转过头，嘴里含糊不清地嘟囔着。

在救护车来之前，胡佑明逐渐停止了挣扎。

"他说了什么？"

"他说'对不起'。"

高队皱起了眉，想了想，转身盯着小刘。

"你死前会说什么？"

小刘摇摇头，小声嘀咕："高队，您说话太不吉利了。"

高队耸肩，摸了摸下巴。

"要是我的话——临死前估计也就剩'哼哼'或者惨叫了吧。"他转向女工，"大姐，您知道胡佑明有什么仇人或者冤家不？"

"胡先生为人很低调，很有礼貌，很好的，我想不出来有什么仇人——不过非要说的话，我知道他有个生意伙伴，叫黄楼。有几次我上门打扫遇到过，还见他和胡先生吵过架。"

"黄楼？"高队想了想，"难道是景恒制药的那个黄楼？"

女工点了点头，似乎是想起了胡佑明临死前的惨状，双眼中再次泛起泪光。

"他们两人——一直不和？"

"也不是，原来也看到过胡先生和他勾肩搭背，好像很亲近的样子。胡先生这个人一直彬彬有礼的，和谁都有距离，黄楼应该是他唯一的朋友。反正除了黄楼，我没在胡先生家见过其他客人。"

"你遇到过几次？"

女工顿了顿，歪着头思考了会儿。

"挺多，尤其是这一两年，几乎每次来打扫的时候都会遇到他。"

高队眉毛一跳，将双手环抱在胸前："每次吗？"他突然又想起什么似的，冲女工近了一步："你每个礼拜到这里打扫的时间是不是一样的？"

女工摇摇头。

"不一定，一般是礼拜三，但如果要改时间，胡先生会提前通知我。"

"也就是说——每次你来，他都知道？"

"对，这是公司的规矩。"

高队直起腰，长长地呼了口气，挥挥手，叫人带她去休息。接着他转身，在房间里边走边看。

"高队，这屋里有点乱啊。"

"嗯，不管是不是自杀，他死前都有人来过，争执是少不了的。"

小刘跟着高队溜达了一圈，小心翼翼避开所有可能的证物。鉴证科的同事过来小声说，现场采集到了许多指纹，主要集中在客厅里。

"高队，要不要把那个黄楼带来问问？"

高队瞥了小刘一眼，暗暗忖度了一会儿，抬起头看着窗外半晌，往前两步，又往后两步，忽然停了脚，回过头。

"你说，为什么他要让清洁工先去打扫厕所呢？"

小刘张张嘴，没能说出个所以然。高队背着手，在屋子里又巡视了一圈，停在窗边。他撩开窗帘往外仔细看去，接着眉心紧锁着转身，看着战战兢兢地站在房间里的物管。

"为什么门牌号是一〇二？"

"啊？哦哦，这是胡先生自己加的，他说一〇二是他的幸运数字，所以非要把门牌号改成一〇二。"

高队挑挑眉。

"只是幸运数字？"

"头儿，你也太大惊小怪了，"胖子笑着耸耸肩，挡在了高队和油画之间，"有的人就是信命，像他这种生意人，养小鬼的，供神佛的，那不多了去了，信个幸运数字有什么好大惊小怪的。"

高队歪歪头，看着胖子，笑着点点头。

"你说得也有道理。"

接着，高队转身看着物管，继续发问道："对了，你们这里的监控设备怎么样？"

"监控——前两天坏了，还在修。"

"胡佑明知道这件事不？"

"知道啊，胡先生一向很关心住宅区的安全，出入的时候经常都会询问我们。"

物管搓着手，急得一头一脸的汗。

"出事之前，有什么异常吗？"

"这个——"物管犹豫片刻，"因为我们是巡逻制，所以总会定时路过胡先生家。今天恰好是我值班，经过的时候听见里面好像在吵架。"

"这么大的房子，隔音这么好，你都能听清？"

"其实听得不是特别清楚，但是胡先生当时正好站在窗边，没拉窗帘。我就往里面多看了两眼,正好瞧见他和黄先生吵得可厉害了,差点就要动起手来。胡先生平时那么温文尔雅的一个人,我真没见过他那么生气的样子。啊对了,胡先生好像还吼着说,黄先生只要敢动他一根毫毛,他就要把事情给揭发出去——"

"你是说今天那个黄先生来过?"

"对啊,还是胡先生提前给我们打了招呼,说黄先生要来的。"

高队揉了揉脖子,转移了话题。

"听清胡佑明说要揭露什么了吗?"

物管摇头道:"这我就不清楚了,胡先生后来看到了我,转身拉上了窗帘。我想着他们是老朋友,也没多想,继续去干我的事情了。"

"黄先生是不是叫黄楼?你又怎么认识的?"

"嗯,就是他。这个黄先生是胡先生的老朋友了。胡先生平时不爱带人来家里,只有这个黄先生能一直过来。来的次数多了,车牌号我们也记得了。胡先生有一次送他到门口,还专门和我们打了招呼,说让我们记得黄先生的车子和长相,以后就不用查了。"

高队的眉毛越皱越紧,他再次撩开窗帘往屋外看了看,接着对小刘点点头。

"今天就先到这里了,有些事情我不大明白,得回去想想。"

五　痛苦的回忆

乐儿偷偷地回到医院,将氰化物归回原位,又将所有钟表调回了正常时间之后才急匆匆地往家里赶。她想不到自己竟如此好运,连药物都不必亲自准备，日后更没人能怀疑到她的身上。在做完这一切后，她怀着巨大的恐惧回到了家里，在房间的灯打开的那一瞬，恐惧又变成了无法名状的悲哀。

那种铺天盖地的痛苦一瞬间侵袭了她的全身，她几乎要被这种悲痛击垮了。

心脏撕裂的疼痛感叫人无法喘息，她干呕着倒在床上，流不出半滴眼泪。

胡佑明被她杀死了。她精心策划了两年的谋杀，终于在今天仓促地落下了句号。她在这两年中每时每刻都想杀胡佑明。胡佑明在她的脑海里以各种方式死亡了不下千百次，然而真当这一天来临，她才发现，自己唯独漏算了一点：她爱胡佑明，这个人真的死去时，她根本无法承受那随即而来的悲痛。

乍见之欢，久处不厌。

爱上杀死姐姐的凶手，是多么多么悲哀的事情。

胡佑明比她大七岁，和姐姐同龄。乐儿和姐姐长得极像，性格却南辕北辙。

在大学里，胡佑明和姐姐郎才女貌，一个学生会会长，一个校花，没人能对他们的登对质疑。

彼时她正在读初中，在一个炎炎夏日，在她还奋力地埋头苦读时，胡佑明应姐姐之邀，到了她家。

那是她们位于乡下的祖屋，冬暖夏凉。夏日夜晚必须拉上蚊帐，不然会有成群结队的蚊子伴着萤火虫接踵而至，又浪漫又令人窘迫。

胡佑明和姐姐住在隔壁。

父母不在家里。乐儿躲在床上，听着隔壁的窃窃私语，还有姐姐刻意压低的轻笑，脸上的红烧了又退，退了再烧，怎么也退不下去。

她没有和胡佑明说过什么话。她的性格内敛而姐姐外放,她们不像姐妹,倒像朋友。姐姐叫迟欢,她是迟乐。

姐姐带着胡佑明到她跟前,介绍说:"这是我的男朋友,叫哥哥。"她低着头,有些不好意思地叫了声"哥哥",旋即转身回了自己的屋子,留下姐姐在身后低声的笑,还有胡佑明轻声的阻止。

那声音温暖又柔软,就像屋外金色的阳光。

在对恋爱懵懂的年纪里,她对胡佑明更多的是一种好奇。

哦,对了,胡佑明那个时候,还不叫"胡佑明"。他叫"张承志"。

整个盛夏,她都和姐姐还有张承志生活在乡下的小屋里。她苦心于学业,那些姐姐看起来简单的题目在她跟前却是天大的难题。

她咬着笔头,抓着自己的头发。知了在树枝上不厌其烦地叫着。张承志来到她身边,伸手轻轻取下了她的铅笔。

"别咬,脏。"

他的声音安静缓和,他的双目深邃,笑容温润,他的指甲修剪得体,身上散发出草地的清香。

迟乐的大脑"嗡嗡"地炸开,根本听不见张承志与她说了什么,整颗心犹如小石子,"扑通"掉进了河里,一直沉,一直沉,沉到了柔软的河床里,再开出一朵橘色的花。

就好像那日初见,张承志背后照过来的阳光。

迟乐没有告诉过任何人这个瑰丽梦境。她羞于启齿,也害怕让姐姐发觉,自那天开始,便躲着张承志。

后来她听见张承志偷偷问迟欢,是不是自己做错了什么。她很想从门后跳出解释,你没有错,你只是太好看了,我只是不敢看你。

她想努力,努力长大到姐姐的岁数,变成姐姐那样的美人,然后找到属于自己的张承志。

可还没等她长大,变故接踵而至。

那年的夏末初秋,父母的车在盘山路上遭遇了车祸。一车二十三人,死了二十二个,只有司机一人存活,逃逸之后再未出现。

现场监控发现,事故原因是司机疲劳驾驶。那个骨瘦如柴的男人头天晚上通宵打麻将,所以酿成了惨剧。

追悼会上迟乐紧紧抓着迟欢的手,哭得不成人形。迟欢惨白着脸,没有任何动静。她美得就像一尊白玉的雕塑,似乎轻轻一碰就会破碎。

迟欢身边,是同样惨白着脸的张承志。迟乐偷偷看着张承志,希望这个哥哥能够将她们带出地狱。

可她怎么也没想到,这个人最后竟成了让她无家可归的凶手。

葬礼之后,姐妹两人继承了一笔极大的遗产。遗产由迟欢打理,迟乐还没成年,所以暂时没有财产的继承权。

她跟着姐姐搬了家,卖了过去的房子,丢掉一切拥有父母气息的东西,企图开始新的生活。

迟欢开始早出晚归,浓妆艳抹。有时回家时已经酩酊大醉。她的眼中再无快乐,满满的都是绝望。她迅速地消瘦,不成人形。迟乐大约能猜出迟欢在外面做什么,从她被撕破的衣服到嘴角的淤青都彰显着她的堕落。

而这个世界上唯一能引起她兴趣的,似乎只有逃逸司机的消息以及张承志的陪伴。

迟乐曾寄希望于张承志,期待他能带给迟欢救赎。

再后,在她高中毕业的前夕,她从门缝中听到了姐姐和张承志的争吵。

他们摔破了一切可以摔的东西。姐姐跪在地上嘤嘤哭泣,张承志背对着门,身体佝偻着。地上散落着针头。

迟欢吸毒了。她没救了。

第二天,姐姐和张承志飙车出车祸,一死一伤。

姐姐死了,张承志还活着。

他们已经领了结婚证,姐姐所有的财产,都由张承志继承。

第七天,姐姐的葬礼后,张承志拖着重伤的身体从医院里消失,还带走了那笔巨大的财富。

警方的调查结果是车祸意外。然而迟乐相信,那是张承志蓄谋已久的谋杀,因为她永远不会忘记,出事前一天晚上自己从门缝中看到的张承志的脸。

那时,张承志的脸上写满了厌恶、算计,还有贪婪。他和姐姐争执,一耳光打在了姐姐脸上。姐姐捂着脸坐在地上嘤嘤地哭,忽然又扑上前,抱住他的腿。

乐儿猛地回身,不忍再看下去。

乐儿咬着床单狠狠地将回忆和眼泪埋进内心的最深处。

再次见到张承志是在她大学将要毕业、四处求职的艰难时期。她那时改了名字,也换了身份,藏身在这个社会的角落里,只想做一个边缘人。

她在制药公司和张承志擦肩而过。虽然那人已经彻底改头换面变成了另外一个人,虽然他们之间只是一个错身,连衣角都不曾接触,可在阳光倾洒的瞬间,乐儿还是一眼就认出了他。

她当场惊立,无法动弹。

乐儿捂住耳朵,可还是挡不住自己那细密的哭泣一声接一声钻进耳朵里。她不知道自己到底是为什么而哭泣,是为了姐姐,为了不知所措的未来,还是为了被亲手埋葬的爱情?她就这样无法停歇地哭泣着,不知过了多久,传来敲门声。

乐儿泪眼迷蒙地抬起头,赶紧擦了擦眼泪,强迫自己停下抽泣,起身背对着门口坐直了。

门开了,站在外面的是那个一直不怀好意的房东。曾经,她与胡佑明抱怨过这个总是偷窥她的家伙,可出于自尊,她不肯接受胡佑明的帮助,所以一直住在这间阁楼里。

矮小的房东探头探脑地进了屋子,左右巡视,接着将目光落在她身上。

"安小姐,怎么了?我听见您在哭啊,没出什么事吧?"

"没事,我很好。"

房东往前走了一步。

"您要有什么困难记得告诉我啊,年轻女孩子,一个人在外面不容易。"

"嗯嗯,劳您费心了。"

"嘿嘿,那您看这个月的房租——"

"我后天领到工资了,就给你送过去。"

房东搓着手笑起来,那声音沙哑得叫人作呕。

"其实安小姐,我也不是想催您,不过您看,这物价又涨了,前几天啊,小白菜才卖三块二,现在——"

"林老师,对不起,我现在有点事,能过一会儿再聊吗?"

乐儿忍无可忍地打断房东的话,转过头。房东一愣,哈着腰后退着出了门。

乐儿呆呆地坐在椅子上,手脚冰凉。

刚才那一晃而逝的，令人战栗的颜色，是什么？

六　神秘的数字

指纹鉴定结果、目击者口供以及尸检报告是在同一天放到高队桌上的。胡佑明死于突发性心脏麻痹，现场布满了黄楼的指纹。当天附近没有人听见狗的叫声。根据周围收集的口供来看，黄楼当日的确与胡佑明爆发了激烈的争吵，除了物管之外，还有一些住户也表示，自己或多或少听到了两人的争执。

高队盯着三份东西，在白板上轻轻写下胡佑明的名字，思考了一阵，擦了又写，折腾了几次后，回头看着小刘。

"我这字不行了啊，你来。"

小刘上前接过水笔，在胡佑明的名字上画了个问号，指向黄楼。

"头儿，这个黄楼好像和胡佑明是合作伙伴，我们拿着照片去确认了一圈，附近的人多多少少都见过他。就算胡佑明家里出现了他的指纹，也说明不了什么吧？"

高队摇摇头。

"发现他的指纹是没什么好稀罕的。但如果只有他的指纹，那就奇怪了。"

说着，高队将指纹报告取出，递给胖子。

"看看，早上发过来的，胡佑明的客厅里只有黄楼一个人的指纹。"

胖子皱着眉按照指纹报告上写的念了起来。

"客厅采样报告，于酒杯上发现胡佑明指纹五个，除此外，房间中共发现黄楼指纹四十二处。"

"胡佑明自己的指纹只出现在酒杯上？"

高队沉吟片刻，大步走到窗边，一把推开窗户。办公室位于二楼，他的动作只惊起了院里大树枝头的两三只小鸟。院里扫地的大叔弯着腰，沉默地一下一下打扫着，丝毫没有将刚才的动静放在心上。高队指着楼下，转身对两人开口："从表面证据看，黄楼最有嫌疑，但我始终觉得哪里不对劲。可能是因为这些证据太明显了，所以才显得突兀。"

他打了个寒颤，将窗户关上。

"你们看，我现在的办公室位置，和胡佑明的客厅位置一样，都在二楼。楼下是个院落，平时没什么人经过。我刚才故意发出这么大的声音，扫地的大爷连头都不带抬一下。如果要引人注意，我得砸点什么东西才行。可想而知，当时胡佑明和黄楼的争执到底有多么激烈。但我好奇的是：第一，到底胡佑明要揭露黄楼什么罪行，而且那么恰好，这种见不得人的话正好被路过的保安听见了；第二，如果像周围人说的，胡佑明是那么保护隐私、注意安全、和蔼可亲的人，为什么偏偏在那天，让人听见他和黄楼的争吵，之前又为什么让几乎整个住宅区的人都认识了黄楼？他心里到底在想什么？"

胖子"啊"了声，上前一步。

"头儿，你意思是，胡佑明的死，搞不好另有玄机？"

高队点点头，又摇摇头。

"他的死因没什么可疑的地方，说来说去，也就是药物致死。奇怪的是他死亡的时机，这才是最无法解释的地方。为什么房间里没有指纹？为什么他会时刻了解监控的状况？为什么他要故意叫人看见他和黄楼的争吵？还有，如果黄楼已经注意到周围有人看到了自己，为什么还要挑那一天对胡佑明下毒？要知道，如果争吵过于激烈,冲动之下,人是不会考虑下毒杀人的,一般而言,直接就白刀子进去,红刀子出来了吧?"高队眯了眯眼,更像喃喃自语似的继续说着,"这么一层层分析下来,我怎么觉得这个胡佑明更像是自杀呢?而且,一〇二到底是什么意思?一个成熟的商人,为什么刻意把门牌号改成一〇二?"

话音至此,他忽然住了口,换上一张人畜无害的笑脸,猛地一击掌:"得,要会会这个黄楼才行。毕竟,胡佑明这么处心积虑陷害他,我们也要弄清楚到底发生了什么事。"

七　陷阱

从听到胡佑明死讯的那刻起,黄楼就知道自己完了。胡佑明不会放过他,这在他去胡佑明家里求情时就有了定论。而在胡佑明家里的争吵,更像一场有意安排的闹剧。起初他只是求饶,胡佑明却忽然起身到了窗边,沉思片刻后用一种近乎寡毒的语气,开始咒骂起他的祖宗十八代来。

当时黄楼惊立了许久,直到胡佑明威胁要将老人院的秘密公之于众,要和他同归于尽那刻,他才真正忍无可忍,跳起身来一拳揍在胡佑明脸上。

他被逼上了绝路。然而时至今日,黄楼也没能想明白,这期间到底发生了什么,胡佑明又为什么要步步紧逼地致自己于死地。

孤老院建立的初衷就是帮助他人,算是给过往的自己赎罪,谁也没想到后来会发生这么多龌龊的事情。在资金链断裂,研究陷入瓶颈,公众的疑惑层出不穷后,他根本没有别的办法解决摆在面前的困境。

直到李老头抓着他的手威胁他的那一天。

李老头是最早一批住进孤老院的老人。他没有伴侣，没有儿女，连条狗都没养过。年轻时与人逞凶斗狠，被砍掉了三根指头，脸上留了一条长疤，常年靠低保和给人看大门过日子。当连续三天在自家门口捡到黄楼做的公益广告后，他顺从天意，毫不犹豫地报了名。

开始时孤老院的老人不多，黄楼也算上心，很快将每一个老人的名字都记了下来。

李老头是他最不喜欢的那种老年人：倚老卖老、撒泼耍赖、斤斤计较。从一个人的现状就可以看出他年轻时是什么德性。

黄楼对李老头一直漠不关心，没有任何的在意。

彼时黄楼正在研究一个项目，如果成功，将取得人类科学史上的重大突破，将确保老年痴呆患者既精神稳定又记忆不错乱。

项目研究需要大量经费，政府拨款远远不够，而融资风投也对他们的项目心怀疑虑。就在黄楼抓心挠肺，每天为了研究经费四处奔走时，胡佑明闯进了他的生活。

他不知道胡佑明的来历，此人仿佛是一夜之间冒出来的。

没有过去，也不谈现在，孤身一人孑然在城市中生存。他亲自来了黄楼的公司，开口就是两百万的融资。

黄楼也是急得没了人形，和胡佑明谈了几日，发现这个土豪似乎对药理颇为在行，草率之中，便与他签下了协议。协议中对利益的划分尚算合理，只是胡佑明加了一条，他自己也要参与研究，并且要求进入核心研究部门。

起初，黄楼并没有觉得不妥，相反，他很乐意自己的团队来个药理方面的天才。只是到了后来，他才渐渐觉察出胡佑明窝藏的祸心。

在胡佑明的帮助下，药物逐渐成型。只要实验成功，就能批量生产，投入市场。

小白鼠找好，人员配备齐全。就在实验前夕，胡佑明忽然打电话给黄楼，说要在酒吧小坐一会儿。

黄楼依时到约，胡佑明已经喝了几杯了。他似乎很喜欢红色的葡萄酒，在酒吧昏暗的灯光下自饮自酌、不亦乐乎。

见黄楼来了，一把搂过他的肩膀，半强迫地把他摁在自己身边的座位上，给他倒了一杯酒。

胡佑明带着醉意，一直紧紧地盯着黄楼的眼睛。

"哥们儿，你说，在小白鼠身上做实验，就算成功了，真的拿到人身上，成功的概率是多少？"

"百分之八十以上吧？"

"那就是还有百分之二十的可能会失败。"

黄楼扭头，看着胡佑明。对方的双眸已被酒精晕染出了红色，一根一根的血丝错杂地盘绕在他的眼球里。

胡佑明在有意无意地暗示什么，黄楼觉得这种暗示就像毒蛇，勾引出了他自己心底里一直隐藏着的邪恶。

"你说——如果是在人身上试……"

黄楼犹豫着开口，又闭上嘴。胡佑明忽然笑了笑，他的表情轻松了一些，他又倒了一杯酒，也给黄楼满上。

吧台里放着低缓得令人昏昏欲睡的音乐，胡佑明挥手，让调酒师离开。

"志愿者？"

"何必那么麻烦？"胡佑明举杯，和黄楼碰了碰，"如果在一个人身上成功了，可比在一百只老鼠身上成功还要有用得多。"

"你——有人？"

胡佑明忽闪着眼睛,那张略微僵硬的扑克脸,倏地露出了异样的神色。

是的,他有。他早就准备好了,只等着黄楼问出这致命的一句。

当晚,胡佑明带着酒意开车将黄楼带回自己家里。一路上风驰电掣,玩命地飙着速度。黄楼也许是喝多了,双手伸出窗外,大声呐喊。

两人一路开回了位于近郊的别墅,一路上很幸运,没遇上交警。

下车时胡佑明对黄楼说了句话,黄楼没有在意。直到后来黄楼回忆时,才突然惊觉当时那句话里的杀意。

胡佑明说:"黄楼,要是刚才我们俩出了车祸,你猜谁会活着?"

黄楼直到坐进警方审讯室的这一刻才想明白:他们俩谁都不会活着,胡佑明早就不想活了,他还要拉着自己一起死。

黄楼冒出一身冷汗。他咬着指甲,坐在审讯室里。警方带他走的时候,他显得异常配合,他知道现场的证据肯定对他十分不利。

胡佑明掌握了所有他用孤老院老人做实验的证据,那天叫他上门,就是为了故意激怒他,这下他难以洗脱嫌疑了。

而他就这样一次次地被胡佑明玩弄于股掌之间。

然而他不明白的是,到底胡佑明为什么要这样陷害他?他分明没有下毒,胡佑明怎么就死了呢?难道之后还有人去过?难道有人早就知晓了他和胡佑明的矛盾,所以伺机嫁祸给了他?

黄楼抬起头,双眼空洞地看着前面的双层玻璃。他知道,在玻璃的那头,有不止一个警察,正从所有角度,仔细地观察着他的一举一动,正如那天他和胡佑明回去,在胡佑明的地下室里,隔着玻璃,观察病床上那个已经丧失人类基本尊严的男人一样。

八　地窖

高队站在玻璃后,认真地盯着黄楼。胖子在左,小刘在右。高队看了一会儿,一脸严肃地回头,看着两个人。

"黄楼好像今年是四十二岁,对不?"

"是的,头儿。"

"我今年四十一了。"

高队沉思一下,摸了摸下巴。

"我觉得明年的我,应该不会有他这么英俊。"

小刘和胖子面面相觑,不知该说什么。

"小刘啊,你是哪一年进队的?"

"报告高队,我入编已经五年了!"

"我有六年。"

胖子不急不缓地回答,小刘瞪了他一眼。高队清了下嗓子。

"我这两天回去思考了下,越来越觉得这案子里面还有别的东西。要是办好了,弄不好还能钓出别的大鱼。小刘,你跟着我进去问问黄楼。胖子,你再去一趟胡佑明家,找找看还遗漏了什么东西。"

胖子点头,正了正帽子,转身朝屋外走去。高队良久地注视着玻璃那头的黄楼,过了一会儿,他回头,看着小刘。

"唉,小刘,胖子进队之前,是干吗的?"

"不知道。"小刘摇头。

高队"哦"了声,心不在焉地扭回头。过了会儿,他露出个微妙的笑容。

"奇怪了。"

"头儿?"

"到底为什么不叫呢?"

"您说什么?"

高队摇摇头,不理会他的问题。

"小刘,我还是对"一〇二"很在意,你用"一〇二"当关键词,去查查和它相关的一切可能事件。"

说罢,高队推门进了审讯室。坐在其中的黄楼猛地抬起眼看着他们,整张脸上是一片毫无血色的死气沉沉。

这是高队第一次与黄楼正面交锋,在他拿出所有证据之前,黄楼抬眼看见他的第一句话是:"我想喝水。"

高队示意小刘,小刘低低对门边的警卫耳语。黄楼双手交握着,倾身靠近桌子。

"我能抽烟吗?"

"不可以。"

"警队规矩?"

"不,二手烟对我的痤疮有害。"

高队扬扬下巴,指着自己的一颗痘痘。黄楼眯了眯眼睛,笑了笑,接着抓了下头发,之前精心梳理的发型已显出颓势。

"我知道,胡佑明死了,你们肯定第一个怀疑我。毕竟他死前,应该只有我去见过他。"

"你怎么知道我们要怀疑你?"

"用脚趾头都能想到,"黄楼叹了口气,"那天和他争吵了两句,还他妈被人看见了。现在整间屋子都有我的指纹,我才走,他就死了,你们不怀疑我,怀疑谁?"

"所以——你杀了他吗?"

"我说没有,你相信吗?"

黄楼盯着高队,高队看了他一会儿,笑着移开眼睛。

"相不相信,不好说,毕竟现在还没个定论。不过我更感兴趣的是,为什么胡佑明要针对你?老实说,从现场环境布置来看,有自杀和他杀两种可能。但不管怎么样,确实只有你的嫌疑最大。我们调查过,你和胡佑明是商业合作伙伴,但现在你的研究陷入停滞,也让胡佑明的生意受到了波及。你们在利益上出现了矛盾,他想撤回资金,如此一来,你的研究将整个泡汤。名声、地位还有金钱都会化为乌有,你要杀他,也是理所应当的事情。"

黄楼点点头,他的食指和中指间被烟熏黄了一小块,看得出最近他的焦虑与日俱增。

"我们的法医从胡佑明身体里提取出了致命的药物,正巧与你在研究的治疗老年痴呆的药物成分一致。一切证据都指向你,现在情况对你很不利——"

"所以我已经被判定成凶手了?"

黄楼绞着手指,指节泛白,被他捏得没了血色。

"不,我现在只想问问你,你和胡佑明之间到底有什么过节,让他无论如何都要置你于死地?"

黄楼这才惊醒一般,猛地瞪大眼睛看着高队。

高队敛下笑容,倾身向前。

"你要明白,现在只有坦白才是你唯一的出路。毕竟犯任何罪——都比杀人罪来得小吧?"

黄楼的嘴唇微微颤抖了一下,接着又紧紧抿成了一条线。他沉思片刻,一把抓过桌上的水杯,仰头将水灌进肚子,接着大口大口喘息良久,摇摇头,抬起脸,用毫无生气的双眼盯着高队。

"你们去胡佑明家里时,难道就没有发现一个秘密的地窖?他为什么要置我于死地?答案都在那个地窖里面。"

高队扬眉。小刘闻言,立刻摸手机,想给胖子打电话确认。然而就在此刻,高队一把拉住了他的袖子,盯着黄楼笑起来。

"没有,我们并没有发现什么地窖。"

小刘愣了愣,黄楼的脸色瞬间煞白。

"不——不可能啊——怎么会……"

九　同谋

黄楼完全没想到胡佑明家里竟会有这么一个隐蔽的地窖,更没有想到的是,地窖里还睡着一个男人。

胡佑明带着他走到玻璃窗前,指着里面的人开口。

"他是我从大街上捡回来的,没有亲朋好友,已经是老年痴呆的重度患者。治好了,功德一件;治不好,不但不会有人察觉,而且你还做了好事,送他上路了。"

黄楼怔怔地,几乎将脸贴上玻璃,死死地盯着玻璃那头的男人。

"他多大?"

"从牙齿判断,不会超过五十。"

"这么年轻?"

黄楼倒抽一口凉气,胡佑明耸耸肩。

"这种病已经越来越低龄化了。"

"你——不害怕?"

"这有什么好害怕的?我们的药物其实没什么问题,如果能确保有效,就是做天大的好事。"

胡佑明凑近黄楼,他的声音低沉呆板,没有任何感情色彩。

"而且黄楼,你自己心里清楚,为了这项实验,你投入了多少,而我又投入了多少。"

黄楼惊惶地回头,胡佑明已退到了一米之外的距离,仿佛刚才那句话并不是出自他之口。

黄楼咽了口口水,过了片刻,轻轻开口。

"你确定——没人会知道?"

"天知地知,你知我知,不会有第三个人知道。"

黄楼咬了咬牙,犹豫半晌后,轻轻点了点头。现在想来,要是没有答应胡佑明的提议,该有多好。

他抓住头发,又喝了一杯水。高队的笔尖一直在桌子上轻轻地点着,他双目炯炯地看着黄楼。

"后来呢?"

"后来——实验成功了,病人的病情得到了安定,逐渐有了起色。"

"这不是好事嘛?为什么你们会闹到现在这个地步?"

"因为——就在实验成功后不久,病人死了。"

高队手里的笔停下来,他的眉心跳了跳,似乎终于听到了什么有趣的事情。

"我不知道病人为什么会死,"黄楼摇摇头,"按照我们的剂量和配方,根本没有死亡的可能性。"

黄楼觉得自己再次坠入了那段可怕的经历,他回忆得越久,那段经历被挖出来得就越详细。

每一句从他嘴里说出来的话,都犹如一把尖刀,一刀刀重新刺进了他的身体。

黄楼在男人病情有了起色之后的某一天，偷偷进到了地下室里。他不信任胡佑明。刚开始时，他只觉得胡佑明唯利是图，后来才发现这个人远远不止这么简单。

这个人似乎在策划着什么可怕的阴谋。每靠近他一步，黄楼就多一层恐惧。

他费尽心思跟踪胡佑明，雇来私人侦探调查胡佑明的点点滴滴。可越是接近这个人，黄楼就越觉得他深不可测。没有过去，似乎也不准备有将来，胡佑明形只影单得不似常人，周身不曾露出半个弱点。后来黄楼好不容易找到机会，偷偷配到了胡佑明家和地窖的钥匙，在确定胡佑明不在家的某一天，他独自来到了这个地方。

他进了地窖，试药的男人正被捆绑着躺在床上。

他开了门进去，他只是打算观察那人的情况。没想等他走近，男人忽然睁开了眼睛，一把抓住了他的手腕。

"救我！"

男人的嘴里含混不清地吐出两个字。黄楼怔住，惊愕之下竟忘记挣脱男人的桎梏。

"救救我——求你了，他要杀死我。"

"你……为什么他要杀你？你到底是谁？"

男人听了他的问题后，眼中忽然露出惊恐的神色。

"我不知道，我真的不知道，我不记得了，他要杀我……你救救我……你救救我啊……"

话音未落，男人已显出颓色，眼中漫起雾气，很快又昏迷过去。

他的身体太过虚弱，根本没办法保持长久的清醒。

黄楼好不容易将手从他的桎梏中解脱出来，后退两步，惊惶未定。片刻后,他跌跌撞撞地离开了胡佑明的地窖,疯狂地驱车回到家里,希望能忘记今天的一切。

然而就在当天晚上,他接到胡佑明的电话。

胡佑明的声音仿佛从旷野中传来,空洞单薄。

"死了,"他毫无情绪地开口,"那个家伙,好像没挺过去,下午我回家的时候,发现他死了。"

黄楼的血液凝固了。那个人被胡佑明杀了。

他觉得自己掉进了一个可怕的圈套,圈套一头的绳索紧紧地攥在胡佑明手心里。而他就像一只无头的苍蝇撞了进去,只能任由胡佑明摆布和玩弄。

就在他回过神来时,自己已经到了胡佑明指定的地点。男人的尸体躺在地上,脸上盖着白布。

胡佑明的手里拿着一把铲子,地上放着另一把。车灯打得通亮,从胡佑明身后照过来,他整个人逆光而站,令人看不清他的表情。

黄楼伸手遮了遮,那光太亮了,晃得他睁不开眼睛。

"不能叫人发现,得把他给埋了。"

胡佑明的话远远地飘来,就像触发了某个开关,使黄楼猛地惊醒,抬起头来。一阵风吹过,月光稀疏地照在尸体身上。胡佑明直挺挺地站着,黄楼想象他那呆板的脸此刻一定更加死气沉沉。

黄楼觉得有一只手扼住了自己的喉咙,他猛地扑上前,揪住胡佑明的领子。

"是你——"他哆嗦得几乎说不出完整的句子,"是你杀了他!"

胡佑明居高临下地淡淡地看着黄楼,眉眼之间带着浓重的阴影。黄楼这才发现胡佑明的个子很高,他平时总佝偻着,以至于掩饰了自己真正的身高。

"他是心脏麻痹死的,不是我杀的。今天下午回去,我才发现他死了。话说回来，你到底埋不埋？"

"不是我杀的，我不埋！"

"哦？地窖里可都是你的指纹，事情如果败露了，你猜猜，我会不会跟警察说起你？"胡佑明调侃一般开口，甚至还笑了笑。

黄楼倏地抬头，看见胡佑明的目光游移着，悄然从他的手腕上滑过。早上被男人抓过的地方还留着青紫的痕迹，黄楼像被烫伤一般猛地松开胡佑明的领子。在那一刻，他的心里陡然升起一股杀意。而这股杀意似乎被胡佑明所感知，那人变得更加愉快，用一种轻松甚至可以说是愉悦的声音再次开口。

"我们现在可是一条船上的人，是是非非，谁都说不清楚。就算你想杀我，也得等解决了这次不是？"

黄楼一把放开他，抓着头发来回踱步。他摸出手机，几次已按下110，可又在最后的通话键上停滞不前。

不行，不能报案。如果报案了，警方会不会发现他过去的罪孽？他不能冒险。

他回过头，胡佑明依旧远远地站着，用一种残酷的眼神注视着他。那眼神仿佛在说："你逃不了了。"

埋了尸体之后，黄楼回家睡了两天。两天之后，世界太平。胡佑明依旧出入制药厂，仿佛这场死亡轻如鸿毛般飘入他的生活，惊不起半点涟漪。

就在黄楼逐渐放下心来的第三天，就在他在孤老院这个唯一可以净化他心灵的地方时，他在自己的办公桌上发现了一个红色的信封。

拆开来，里面赫然几张照片，是他手持铁铲埋尸入坑的全过程。

黄楼的血液凝固了。

被发现了，被拍照了，照片里只有他一个人。

他想起那天晚上亮得不正常的车灯。他猛然发觉：自己被胡佑明耍了。

办公室平日略显惨亮的灯光也无法帮助黄楼驱散他灵魂深处的黑雾。他咬紧下唇，呆然坐着。照片最下方的空白处写着一行数字。

那是个银行账号和五十万。

不多，五十万，他还可以承受。

可就在五十万打过去之后，过了一个礼拜，第二封信如期而至，接着是第三封、第四封。

每一封里都附了照片，每一张照片的角度都不尽相同。黄楼在短短的时间内，几乎倾家荡产。

可胡佑明似乎没有停手的意思。

高队清清嗓子，往黄楼面前放下了第三杯水以及关于黄楼的所有经济情况的调查报告。

"所以，你觉得是胡佑明杀了人，还顺便敲诈你。你就是在被他敲诈之下才铤而走险，侵吞了公司的公款？后来你气不过，上门与他理论，看他没有收手的意思，所以往他的水杯里投了毒？"

黄楼脸色苍白地笑着摇头。

"你瞧，所有证据都指向我，连我自己都要相信是我杀了胡佑明。但拜托你自己想想，如果我真的要杀他，怎么会蠢到在他家里留下那么多证据？我根本不知道那天他会死。而且——而且我说的一切都是真的，地窖真的存在。"

"那据你所知——还有谁，会想要胡佑明的命呢？"

高队不为所动，岔开了关于地窖的话题。黄楼咬着手指，过了会儿，他忽然想起什么似的，猛地抬头。

"我知道了，有一个女人，叫安乐。对，就是这个名字。我只见过她一次，在胡佑明家，两个人看起来很亲近。那次我没跟胡佑明打招呼就直接过去找他，撞见了这个女人。胡佑明告诉我，那是他的表妹，接着就把她送走了。但是我不信，所以雇人去调查那个女人的底细。那应该是他的情妇，只不过胡佑明把她藏得很好，根本没有别的人知道安乐的存在。如果要说——那个女人的嫌疑也很大！"

"哦？"

高队一瘪嘴，回头叫过小刘，低声耳语两句。小刘点点头，在本子上写了点什么，匆匆地出了门。

黄楼盯着小刘的背影，目光凄惶，就像盯着最后的救命稻草。

十　眸色

这些天乐儿生活在一种无法名状的惊恐之中，这种惊恐逼得她几乎离群索居，大白天都必须拉上窗帘，紧闭房门。

她害怕见任何人。她害怕看见那些人的眼睛。

因为，她会看到一种别人看不到的东西。

她会看到眼睛中本不该存在的颜色。

房东的眼珠是灰色的，楼下与她玩闹的小孩的眼珠是蓝色的，而她自己的眼珠，从镜中看，是金色的。

这是从杀死胡佑明之后忽然开始的。起先，她以为是自己精神紧张而产生了幻觉，直到几天后，她才发现事实并非如此。

她能看到人们眼中不一样的颜色，她也似乎能明白每种颜色代表什么。

灰色是厌恶和猜忌；蓝色是喜爱；绿色是嫉妒；而红色是杀意；她眼中的金黄是人无法承受的哀痛。

她畏惧这样的自己。她也畏惧周围这些将情绪赤裸地展现在她面前的人们。

她请了长假，深居简出。就在这样的时候，高队按门铃找上门了。

她开门，高队笑嘻嘻地站在门口，身后跟着两个人，一个胖子，一个瘦高个。

"你们——"

"啊呀，是安乐小姐吗？我们是公安局的，来这里有点问题想请教——"

"我没什么要说的。"

乐儿不等高队把话说完，草草回了一句就想关门。可就在门将合上的一刹那，高队忽然伸腿，拦住了她关门，伴随着"哐当"一声，高队硬生生地推门挤进了屋子。

小小的房间因三个男人的进入，显得窘迫又压抑。

高队在这个小而逼仄的房间里原地转了一圈后，回过头看着她，依旧微笑着，语气却冰冷又严肃。

"安小姐，我们正在查一起死亡案件，受害者叫胡佑明，不知道你认不认识？"

乐儿顿了顿，抬眼缓缓地扫过那三个人，颤抖着叹出一口气。

"认识，我不认识的话，你们也不会上门的。"

"你听见我们说他死了，也不惊讶吗？"

"电视上天天都在说这件事，想不知道都难，也不用等到各位来通知我了。"

"哎呀，就喜欢安小姐这样干脆的妹子，大家就当话家常，开门见山地聊聊嘛。"

说罢,高队毫不客气地一屁股坐在了乐儿的椅子上,从怀里摸出一个小本子,上面带着一支钢笔。

"请问安小姐,是怎么认识胡佑明的?"

——是在那个盛夏,他微微低下犹如天鹅般的高贵的脖颈,亲切地对我微笑的时候。

"是在我求职的时候认识的,他是我公司的老板。"

"那,你们两人是什么关系?"

"我们——"

——是啊,是什么关系呢?情侣?仇敌?还是——姐夫?

"我说不上来。我们只是交往过的朋友吧。"

高队环顾房间,目光又落回乐儿身上。

"我们调查的时候听到一些风言风语,不过看安小姐的经济状况,大概传闻也不可尽信——"

"传闻?"

乐儿的表情微微起了波澜,却又很快恢复平静,只是摇摇头。

"他没有包养我,我只是和他熟识,有点私交而已。"

"私交到哪一步了?"

"这是我的隐私,我不想回答你。"

高队笑了笑,轻轻拍了拍自己裤腿上的灰,又抬起眼。那笑容敛下,他的脸色异常地冰冷。

"安小姐,现在我们在调查的是命案,不存在所谓的隐私,请你配合。如果不想配合,我们也能在跟上面申请之后,请你回警局一趟,详细谈谈。"

乐儿抓紧自己的衣角,咬咬牙,抬起头。高队的眼睛,是一种狐疑的琥珀色。他怀疑她了。

这个家伙，怀疑她是凶手。乐儿的心倏地收紧了，她必须镇定。她其实并没有留下什么破绽：药不是她的，时间对不上，她没有明显的作案动机，没留下指纹——唯一可疑的只是他们两人的关系。如果把这一点说清楚了，应该不会有什么问题。

嗯，应该不会有的。

乐儿深深吸了口气，挤出一丝笑容。

"警察同志，我觉得你好像误会了。胡先生是我老板，即使我对他有好感，在我们关系不确定的情况下，也只是地下关系。我们之间没有什么别的纠葛。你也看到我住的地方了，他并没有给我提供什么便利。我也是在上班之后，才逐渐和他熟悉起来的。"

"熟悉到去他家的程度？"

乐儿一顿，一时语塞。

"看来是去过了。但为什么当我们询问周围人的时候，没有任何人对你有印象？"

"大概——我去得不多吧。而且每次过去，都是胡先生开车接送我，我并没有自己去过。"

"是吗，就连每个礼拜都去他家打扫的清洁工也不知道你？他为什么把你藏得这么好？"

"我……我不知道，大概是怕麻烦吧。"

"什么麻烦？"

乐儿摇摇头，咬着嘴唇低下头。

高队吸吸鼻子，扭头看着胖子开口。

"胖子，帮帮忙，买瓶饮料吧，口渴，钱回头给你。"

胖子"哦"了声，转身开门出去。一直等到他笨拙的脚步声消失在楼道尽头，高队才又接着继续往下问。

"那不如我们换个话题，你知道胡佑明家还有个地窖这件事情吗?"

乐儿懵了,下意识地摇摇头,心里升起一股不祥的预感。

高队歪歪脖子:"嗯,我们也不知道。前几天听了一段证词,去查找的时候,却怎么也找不到那个所谓的地窖。所以想问问——和胡佑明先生有比较密切私交的安小姐,你听胡佑明说过吗?"

乐儿继续摇头。

地窖?她印象里的胡佑明不苟言笑,离她总是很遥远,从不肯站近,对自己的隐私保护得十分周严,平时也极少谈及自己的事情。要说他装了地窖,倒也可信,然而胡佑明从未对她提过。

也是,她在胡佑明眼中根本无足轻重。只不过改了个姓,那人就从头到尾都没有认出自己,或者说这么多年来,他根本从未记住过自己。

高队眼中的琥珀色更浓了些。胖子气喘吁吁地跑回来,递上饮料,高队打开喝了一口,朝身后打了个响指。喘着粗气的胖子,和小刘紧紧地跟在他身后离开了房间。

走到门口时,高队又回过头来,从怀里摸出名片,交到乐儿手中。

"安小姐,如果想起什么,请随时和我联系。另外,这段时间交通拥堵,我觉得安小姐——就不要出远门了吧。"

十一　绝笔信

三天前,夕阳西下。

高队坐在办公室里,歪着头,对着阳光举着一封信看,想参透里面的内容。过了一会儿，他摸出手机，翻到小刘的号码，发了条短信。

"自己一个人进来，装作跟平时一样。没什么事纯拍马屁的样子。"

屋外响起一声清脆的手机提示。过了会儿，小刘推门而入，一脸沮丧。

"头儿，我平时做工作那也是尽心尽力，你可不能说得我像只会溜须拍马一样。"

高队叹了口气，坐直身子。

"小刘，三年了，我带了你三年了，你是卧底吗？"

小刘挑眉，有些不知所措。高队"呵呵"地笑了笑，摆摆手，脸色忽而严肃。

"这封信，是我从胡佑明家的地窖里找出来的。"

"唉？"

"我自己一个人去了他家，找到了地窖。那家伙故意把地窖封起来了，但里面的东西都没动。我拍了照，还摄了像。"

"唉唉？"

"除了黄楼交代的那些事以外，这个信封特意放在了地窖最显眼的地方，机智如我，一看就知道是专门写给我的。"

"唉唉唉？"

"这信封里有一些照片和证据，里面记录了几件事。第一份是名单，记录了黄楼用过的人体试验者的姓名。第二份是通话记录，显示胡佑明曾经向警方举报过一起严重的交通肇事逃逸，可不知道为什么，这通电话被人给压了下去，不过胡佑明没指明这起交通事故究竟是什么时候在哪里发生的……"

小刘一脸呆滞地听着，脑子迅速地搜集信息。

"等！等等、等等、等等，头儿，你不是说没有地窖嘛？那天还不让胖子去查，现在怎么又……"

高队叹了口气，起身踱了两步，猛地一巴掌拍在小刘脑袋上。

"怎么那么蠢，能不能聪明点？能不能动动脑子？"

小刘委屈地挨了两下，抬起眼，还是一脸的不明所以。高队摇摇头，开口："你想没想过，为什么所有的证据都指向黄楼，方便得让我们连调查的环节似乎都可以省略了？"

高队早就起了疑心。现场的状况太叫人疑虑，胡佑明的种种作为透露出一种欲盖弥彰的故弄玄虚。

在粗略地和物管还有清洁女工谈过之后，高队发现胡佑明似乎有意无意地让所有人知道自己和黄楼早有过节。一旦开始调查，黄楼就首当其冲地会成为嫌疑犯。而当时高队不明白的是，为什么胡佑明不惜用自己的命来设计黄楼？他甚至觉得这样明显的设计，就是为了勾起他的好奇心，好叫他更深入地挖掘别的层面的东西。

所以，狗没冲胖子叫，这是高队发现的第一个疑点。他迅速撤出了现场的所有警员，他害怕自己那准得吓人的直觉：警队中应该有人和这案子脱不了干系。而后，在撤离后的傍晚，高队带着工具独自回到这栋孤零零的房子。因为死过人，社区里的人对这栋房子避而远之，反倒方便了高队行动。

他越过黄色警戒线，进了胡佑明家。

他没开灯，只带了一只小小的手电筒。他将手电叼在嘴里，跪在地上，在地板上一点点仔细地敲着。第一次来这个房间，走过这块地方的时候，他就觉得不对劲。

他顺着每一块木板敲着，仔细倾听。

过了两块，在一处空响中，高队停了下来，嘴角翘起。

找到了。

胡佑明家里另有乾坤。这个私密应该连清洁女工都不知道。高队起身，在面前的墙壁上仔细摸索，终于，他摸到了油画之后的一个小小的凸起，他摁了下去。

没有动静。他举起手电，在自己轻微的呼吸中，他看清了，墙体上有一处明显又隐蔽的斑纹。

高队上前，用随身的小刀在墙上轻轻一刮，一块墙灰掉下来，露出里面灰色的砖体。

高队轻轻笑了笑。

"聪明，做得这么隐蔽，也就机智如我才能找到。"

自言自语中，他举起一把中型铁锹，只砸了两三下，新糊上的墙体剥落了，露出里面灰色的暗门。

只轻轻一推，那门便开了，连锁都没锁。

高队重新举起电筒，一步步下了台阶。地窖之中，一尘不染。

他摸到墙壁上的开关，开了灯。霎时间，整个屋子亮了起来。不大，应该是由地下室改装的，只有二十来平方的样子。里面有一个用玻璃隔出来的隔间，隔间里放着一张简易的行军床。

高队靠近一些，发现这间地窖可以称为胡佑明的药品收纳室，大大小小的瓶子堆满了一整间屋子。

在台阶尽头的桌子上端端正正地放着一个信封，上书着"胡佑明绝笔"几个字。高队取了那信封，没急着看，揣进兜里。

接着，他往更里面走去，在各式各样的瓶子中穿梭，最终来到军用床边。床上放着一盒药。高队取出手套，捏着那药装进口袋里，环顾四周，摸出手机仔仔细细地将地窖拍了个清楚，又录好像。在地窖的出口处放着一袋水泥，旁边还有一桶水。高队折服地叹了口气，拎起它们，离开地窖，锁上门。接着，他搅拌了水泥，重新糊了墙，将一切恢复原状。

做完之后,天色已开始发白。高队揉了揉自己的腰,双手插袋,在口袋里紧紧攥着信封,大步离开了这间充满阴谋与玄机的屋子。

走到小区门口,他忍不住回头看了看。

"要是活着的时候认识你,倒还真想结交个朋友。毕竟——这么聪明的人,不多了。"

高队开车直接回了警队,他将那封信翻来覆去阅读多次,接着小心翼翼地收进了自己的抽屉。

案件的真相已逐渐水落石出,接下来会发生的就是:在胡佑明布好的陷阱中,挣扎求饶的人们一个个自食其果。

小刘听得张大了嘴。

"头儿,我不明白,万一你没发现地窖呢?"

"如果我没发现地窖,黄楼在被我们审讯的时候就一样会为了减轻自己的罪行提起那个地方。我们照样会去查找。"

"他就算得这么仔细?"

小刘有些难以置信地问着,忽然他顿了顿,猛地张大嘴盯着高队,半晌,讷讷地吐出一句话。

"头儿,我之前听你的,用一〇二当关键词去查了查过去的新闻,七年前在一〇二国道发生过一起很大的交通事故——交通,交通事故——"

高队一顿,眸子在刹那间亮了起来。他猛地抓住小刘的肩膀摇了摇,脸上带着一种无法形容的狂喜之色。

"小刘!拼图要成了。你快跟着线索去查查看一〇二国道这起肇事逃逸,还有警队里谁在交警队待过。"

高队打断小刘的问题,直接布置了任务。

"头儿,你意思是,这事情跟我们队上有关联?"

"没关的话,他何苦费尽心思,绕这么大圈,只为了最后把证据送我手里?"

"我没明白——"

"胡佑明,现在基本可以判定为自杀。自己准备的毒药,自己布下的陷阱,自己安排的目击证人,"高队沉默片刻,"但还有一些疑点。我之前一直不明白他的动机,现在看来,他给我们的'一〇二'才是关键。小刘,你暗地里查清楚,别放过任何蛛丝马迹。还有,叫人跟着胖子。"

"头儿?"

小刘真正惊讶了。

"你还记得吗?狗没叫啊。"

高队看着小刘,意味深长地笑了起来。

十二　要挟

黄楼回到了家,困顿与惊惶中,只想好好睡一觉。他没有将实情和盘托出,他隐瞒了李老头的事情。警方告诉他,并没有找到所谓地窖的痕迹。胡佑明应该早料到这天,去除了一切跟自己有关的罪证。现在自己的供词没了地窖这个关键证据作为支撑,显得空洞又怪异,警方一定会愈发怀疑,而他们怀疑得越多,能挖掘出的真相也就越多。

胡佑明那家伙——真是就算死,也不放过自己。

当时黄楼被那些放在桌上的威胁信折磨得形销骨立,就在第四次凑够了钱,打到指定账户之后,他直接回了家。

可到家的那一瞬，他才发现自己因为太过疲倦，把信封忘在办公室里了。信封里装着威胁他的信，还有照片。

黄楼立即驱车回到孤老院，他连车钥匙都没拔，就一路狂奔着上了四楼。

他的办公室里亮着灯。

他推门进去，里面没有人，台灯开着，而桌上的信封，被打开了。

黄楼整个人瘫软在皮质沙发椅里，无法动弹，就这样整整一夜，直到天明。黄楼咬着指甲，稍一用力，咬得过深，手指流出血来，他却不觉得痛。一步错，步步错。他不该帮胡佑明埋尸体，他更不该当初答应胡佑明参与项目。

他怀疑，药物里那些致命的成分，是胡佑明有意添加进去的。

当天空露出第一抹光的时候，孤老院的老年人逐渐醒了过来。黄楼强行振作精神，下楼想要舒缓一下筋骨。

可就在他经过一个角落时，一个苍老的声音唤住了他。

黄楼扭头，李老头站在一个阳光无法照射的地方，脸被刻意地藏在阴影中，对着他招手。

而黄楼清晰地看见，李老头手里捏着一个厚厚的信封。离开胡佑明家之前，胡佑明的最后一句话，此刻如魔障般环绕在他的耳边。

"你要赎的罪，还远远不止这些。"

黄楼麻木地走向李老头。李老头的脸上堆满虚伪的笑意，那些皱褶之中，隐藏着无法言喻的肮脏的恶意。

"黄院长，这些照片，你打算拿多少钱买呢？"

黄楼的嘴张了又合。这是他第一次那么认真地观察李老头。那条刀疤，那三个缺掉的指头，那张叫人作呕的脸。他早认出了李老头，而李老头认出他只是时间早晚而已。

黄楼猛地意识到这一切都是报应。多年之前，他将毒品分销给李老头，让李老头在周围兜售。他就知道报应总会伴随着厄运如期降临。他从没想到，自己起初建来赎罪的孤老院，竟会把当年的罪孽也招揽进来。

这一切巧合得就像天意。

电光石火之间，黄楼做了一个决定。反正已经被讹上了，反正已经埋过一次了，反正——反正那药也差不多了。

他迅速整理了表情，凑近李老头。

"只要你不说出去，钱不是问题。但如果你——"

他在脖子上比画了一下。李老头的笑意更甚，从嘴角蔓延至全脸。

"放心吧，黄院长，我只想求个养老的零花钱，别的事情，我嘴紧着呐。"

黄楼点点头，从怀里摸出钱包，抽出所有的钱放在李老头手里。就在李老头转身的瞬间，黄楼冷着脸，扼住了他的脖子。

三秒。

学医的人懂得致命点，所以只要三秒，李老头软绵绵地晕了过去。

然后，是和之前一样的步骤。在李老头无法动弹之际，喂他吃了过量药剂，看着他在挣扎中死去，然后抛尸、掩埋，最后恐惧地等待着。

然后，就像开了窍，黄楼做起实验来更加得心应手了。每一个被用来实验的人，毫无例外，都是由胡佑明指定的。

黄楼仰面躺在床上，用手背盖住了自己的眼睛。现在唯一能救他的，就是那个神秘的女人了。胡佑明把她保护得很好，要不是自己曾偷偷跟踪了胡佑明一段时间,也无法发现那个女人的存在。现在胡佑明死了,他有可能是被那个女人杀死的,有可能是被别人,还有可能是自杀,谁知道?

但黄楼清楚,自己做的事情早晚有一天会败露。他曾经制毒贩毒的过去,那些死于药物试验的老人们,会通过胡佑明的案子,逐渐露出。

而他什么也不能做,只能躺在床上,在垂死的挣扎和无用的抵赖中,一步一步地被拖进地狱的深处。

黄楼咬紧了牙,还是无法抑制那股如影随形的恶寒恐惧。

终于,在崩溃中,他怯懦地,如同丧家之犬一般蜷缩着,嗷嗷大哭起来。

十三 监视

胖警察在楼下徘徊两三天了,有时出现在街角的烟摊,有时站在路灯下,有时又到了马路对面。

乐儿猛地拉上窗帘,躲在其后。

胖警察摆明了是在监视她。她不知道警方的证据有哪些,她明白的只有两件事:

第一,警方把她当成了首要的嫌疑人。

第二,胖警察的眼睛,是血红色的,那是杀意的颜色。

这些让她发自内心地感到一股恶寒。

乐儿并不知道胖警察为什么想杀她,她觉得自己需要理一理思路。那日,胖子上楼,踩着陈旧的木梯,随着"咯吱咯吱"的声响,敲开了她的门。

　　起先,那警察只是随意观察着室内的布置,问一些可有可无的问题,后来,他话锋一转,压低了嗓子:"我们是不是——在哪里见过?"

　　乐儿狐疑地摇头。胖警察皱起了眉,盯着她仔细观察。就在那几秒短暂的沉默中,乐儿惊恐地发现,胖子的眼睛一开始是正常的黑色,逐渐逐渐染上了血红。

　　他发现了什么,并且想杀死自己。

　　就在乐儿惊惶的喘息中,胖警察嘴角勾了勾,往后退了一步,用一种轻松的语气开口:"啊,那么是我记错了。"

　　撒谎!乐儿的心停了半拍,面前这个危险的家伙在撒谎。她偷偷看了看胖子身后,房门虚掩。

　　胖子回身,过去关上了门。乐儿不由自主地后退了一步,手悄悄地摸到了放在第一个柜中的小裁纸刀。她用手指拈着裁纸刀的刀柄,默不作声地将那刀子收进了袖口里。

　　胖子回过头,冲她挤出个笑,一边幽幽开口,一边慢慢逼近:"安小姐,听你的口音,不是本地人,你哪儿来的?"

　　乐儿又不由自主地后退,身子撞到了桌角,她的声音中微微透出一股恐惧。

　　"我——我就是本地人啊,只是小时候带我的阿姨是外地人,所以可能学了些外地口音。"

　　胖子的脸沉了沉,他似乎在笑,又似乎没有。紧接着,他抬起脸,死死地看着乐儿,像要透过她的皮肤,看透她的骨血。

　　"是吗,那你家的阿姨和我可能是老乡了。我是吴城的,就在隔壁,你去过吗?"

　　乐儿的头皮一阵发麻。她觉得自己赤裸裸地暴露在胖警察的目光中。那些隐藏的悲痛的往事如潮水般喷涌而出，但她根本不明白，为什么面前的人对她有如此深刻的恨意？

难道这个胖警察过去认识她？难道他们曾经有过什么过节？

然而，乐儿想破了头也想不明白，究竟是什么事情能让警察对她产生无法磨灭的杀意？乐儿攥紧了袖子里的刀。她看见胖警察的手动了动，她几乎尖叫出声。

而就在那一瞬，门外传来一阵脚步声，紧接着，敲门声响起来。

"安小姐，我们做好了四喜丸子，要不要下来尝尝？"

胖子猛地缩了缩手，退了一步。乐儿赶紧应了一声，绕过他，扑上前开了门。楼下友善的房客有些惊愕地看着她通红的双眼。

"安——小姐？"

乐儿揉了下眼睛，忙不迭地拼命点头。

"吃，我吃的。"

"那今天我就先不打扰了。"

身后传来冰冷的声音。乐儿回头。胖子自阴影中出来，绕过她，恢复了那副木讷又笨拙的模样，冲乐儿微微点头，又踩着阶梯下了楼。

"咯吱咯吱"，"咯吱咯吱"。

每一声都像踩在乐儿的心坎上。

自那天后，胖子已经连续三天出现在她家楼下，风雨无阻。

乐儿不敢报警，也不敢告诉任何人。只要撩开窗帘，胖子总像有心电感应似的及时抬头，用那双血红的眼睛与她对视。

三天后，乐儿觉得自己快要崩溃了。凌晨时，万籁俱寂，她打开电视，在"嗡嗡"嘈杂的电波声中，忽然看到屏幕下方滚动的简要新闻。

据悉，景恒制药总负责人黄楼近日向警方自首，承认自己在研究药物期间，多次利用其创办的孤老院的老人进行人体药物试验，并不幸致人死亡。警方已将其拘捕，详细情况尚待进一步调查。

乐儿愣住了。为什么黄楼会去自首呢？胡佑明清清楚楚地说过，黄楼为了这件事，甚至不惜想要杀掉他，为什么现在忽然主动坦白了呢？

这背后究竟还隐藏着什么秘密？

电视进入休眠状态，房间恢复了黑暗。窗外有黑影闪过，看不清形状。

就在乐儿陷入思索时，她忽然听见门口传来轻轻的脚步声，紧随而来的，是"咔嚓"开锁的响动。

乐儿猛地回头，一把抓住放在床头的裁纸刀。

地上的阴影随着房门的打开逐渐淡去，一双脚出现在门口。

乐儿拼命后退着缩回了床上，抓住被褥。即使已经动手杀过人，她依旧无法将那种怯懦的本性从身体中驱除出去。

房间里静极了，须臾，那脚步声缓缓地，一点一点，侵蚀进来。乐儿只呆了一秒，猛地屏住呼吸，拉起被褥，盖住了脑袋。

那脚步缓缓地停在了床边，乐儿浑身犹如过电般倏地毛骨悚然。不知是由于害怕还是激动，她眼前模糊成一片，眼泪不由自主地往下滑落。她捂住了嘴，害怕自己会不小心遗落出一两声呜咽。

被褥之外一片死寂。乐儿能察觉出那人正用某种恶毒的眼神上下打量着自己，一边暗自嘲笑，一边等待着时机。

她瑟瑟发抖，一口咬住自己的拳头。

没多久，那人动了一步。乐儿用尽全身力气才抑制住了尖叫。呼吸、喘气。潮湿温润的夜色交织在被褥之外，她敏锐地听见那人轻轻拉开了她的抽屉。

小偷？

不可能，不可能是小偷。

但如果真的是，那该有多好。

乐儿拼命祈祷那人能在抽屉里发现些什么，然后得偿所愿，尽早离开。她只能闭上眼睛听天由命了。

第一个抽屉，没有他要的东西。

第二个抽屉，没有他要的东西。

第三个抽屉——

她只有三个抽屉。三个抽屉都开了又合上。那人忽然蹲下了身，他的速度异常缓慢，压得木地板发出轻微的"咯吱"响动。

他似乎将脸贴在了地上，他在干什么？

"咚咚"，"咚咚"。

乐儿忽然听见那人敲击地板发出的响动，极有节奏，一下跟着一下。

"咚咚"，"咚咚"，"哐"。

那是什么？乐儿一愣，心中的恐惧暂停了片刻。

那人似乎也顿了顿，忽然一阵惊喜，再也不怕吵醒乐儿似的，猛地又敲了两下。

是的，那块地板下是空的，他找到了。

须臾。

那人猛地起身，迅雷不及掩耳地扑向乐儿。乐儿还来不及作出丁点反抗，就被他压在了身下。

"救……"

声音被扼在嗓子里，一双手狠狠地掐在她的脖子上，黑暗瞬间笼罩了乐儿。在混沌与疼痛中，她只断断续续听见了一个低沉又丑恶的男声。

"你和你姐姐——真是长得一模一样。"

十四　真凶

　　乐儿以为这就是死,在虚无的、一片惨白的世界中,无法出声,无法动弹,所有的妄念嗔痴即将化为乌有。可不知为何,最后的影像竟是胡佑明——又或者说,是张承志,在盛夏中冲她微微扬起的嘴角。

　　突然身上的重压猛地被移开,空气带着冰冷冲入她的喉咙,乐儿扶着床框大声咳嗽起来。

　　伴随着男人懊恼的怒喊,屋内响起激烈的扭打声。

　　乐儿趴在床上挣扎着转过头。视线中,是胖警察被高队压制在地板上无法动弹的情景。

十五　一网打尽

　　胖子坐在审讯室里,耷拉着头。高队在他对面,依旧轻轻用笔尖点着桌面。

　　"逃了这么多年,累不累?"

　　胖子猛地仰起脖子,高队丢出一张照片。照片上人瘦削高挑,与胖子的模样大相径庭。

"别否认了。七年前一〇二国道发生了一起事故,全车一共死了二十二人,那个肇事司机——你疲劳驾驶,至今逃逸。不过你那时候身材比现在要好得多。也难为你了,增重这么多,难怪皮肤上全是妊娠纹。"

"肥胖纹——"小刘轻轻补充了一句,一愣,又抿紧下唇,扭过头去。

高队瞥了他一眼,继续道:"你六年前在交警队干过一阵,其间有人举报,被你用各种方式压了下去。现在怎么,混进了咱们刑侦组,还想继续以前的路子?"

小刘攥紧了拳头,别过脸去。胖子盯着照片看了半晌,有些颓然地低下头。

"我以为——"

"怎么,以为能逃得了?"高队冷冷笑了笑,"你早就发现胡佑明就是举报你的人,我不知道是怎样的机缘巧合让你发现的。那天你看见他门牌上的一〇二后,就一直用各种错误的信息干扰我。你潜入他家的次数不止一两次吧?我这么招狗喜欢的人,他家那只见了,还嚷嚷个不停,为什么看见你就一声不吭?总不能因为你肉多不是?"

"你就凭这点怀疑我?"

"直觉、灵感、素质。"

高队指指自己的脑袋,对小刘招招手。小刘送上一封文件,高队慢悠悠地拆开,里面详细记录了胖子过去这几年的消费和出行记录。

"难为你这么多年,花了这么多心思。其实早点自首,现在也该出来了,何必担惊受怕那么久。"

说着,高队抖出一封信,那是胡佑明的亲笔信,上面还带着他十只指头的指纹。

"鉴定结果出来了，是胡佑明本人写的。他早就知道你潜进了他的房子，为的就是要利用我们，把你们这群人一网打尽。"

"什么……意思？"

"还不明白？胡佑明，原名张承志。亡妻叫迟欢，她的父母，就死在那场交通事故里。"

胖子顿了顿，忽然一股凉意顺着他的尾椎，一点点爬上了他的脖子。

"他——"

"他是自杀的，不过临死前动了这么多心思，就是为了一个个收拾那些害迟欢的人。"

七年前，迟欢家突遭横难，迟欢郁郁寡欢，开始吸毒企图麻痹自己。胡佑明锁定了目标，从肇事逃逸的胖子开始，一个个追查。

他用了七年时间，找全了所有牵扯进迟欢之死的人：

卖毒品给迟欢的李老头，提供毒品给李老头的黄楼，还有那些糟蹋过迟欢的各色人等。

第一个躺进地窖的人的确患了病，他的下场给胡佑明提供了灵感。胡佑明开始研发药物，可以致命的药物，但凡找着一个，就毒害一个。他设计的圈套一环套着一环，命案一个接着一个，没有任何人可以逃脱。

胡佑明在惩罚一切人，也在惩罚他自己。他把自己的灵魂撕成了两半，白天是道貌岸然的商业精英，晚上是嗜血复仇的杀人恶魔。

黄楼桌上的要挟信是胡佑明指示李老头放的。他借黄楼的刀，一个个杀掉了他和迟欢的仇人。接着，他用自己的死，拉开了这场复仇终曲的帷幕。

胡佑明是自杀的。

他给自己准备了致死的药物,他布置了现场,他准备了证据,他安排得缜密,毫无疏漏,并将所有计划记录在信中,等待真正聪明的人发现它们。

他在信中书写了自己无法拯救迟欢的悔恨以及对仇人们的蔑视。而那一长串死于药物实验的人的名字的末尾,赫然是他自己的曾用名:"张承志"。

胖子听了高队有条不紊的叙述,整个人瘫软在了椅子上。

七年了,在他以为一切终于可以烟消云散的时候,胡佑明的报复悄然而至。

"你去地窖之后就明白了?"

"对,去之前我只是怀疑。他机关算尽,如此聪明,先让我们调查所谓的谋杀,再让我们发现这其实是一场预谋已久的自杀。我一直不明白他究竟想干什么,直到我发现了地窖里藏着的所有东西。"

"他为什么——要让你们发现他是自杀?"

"因为他善良,他只是有仇报仇而已。所以他才会陷害黄楼。他想要李老头死,所以借黄楼的手杀了李老头。就和你一样,他借你自己的手,举报了你。"

"那——那他藏在安乐房间里的东西是什么?"

"那是属于安乐小姐的私人物品,和你已经没有什么关系了。"

高队冰冷的声音响起。胖子蓦然回想起那次跟踪胡佑明的情景:胡佑明悄悄来到安乐家中,趁四下无人,上楼待了一个来小时。

他以为胡佑明将证据藏在了安乐家里,他想不到的是,这竟然是胡佑明设下的另一个圈套。

胡佑明复仇的最终曲以他的自杀为开端,以胖子的自我暴露为尾声。

胡佑明布下天罗地网,这七年,他将自己完全活成了复仇天使。

胖子在茫然间,忽然感到困惑:究竟是在逃逸中惴惴不安多年的自己可怜,还是那个已经长眠地下,多年无法为自己而活的胡佑明更可怜一些?

不过,这些已经都不重要了。

落幕

乐儿是一个礼拜后从医院出来的,出院那天,日头晴好,天空一碧如洗,万里无云。

她手里攥着胡佑明写给她的信,信是胖子从她的木制地板下撬出来的。警方已经给胡佑明的死亡定了性,这是一场预谋已久的自杀。

胖子,这个害死她父母的凶手,七年后,终于被逮捕归案。她下的毒,她杀的人,她的密谋,到头来在警方的档案里,她居然没有任何嫌疑。

乐儿茫然地站在街头十字路口,在等待红绿灯的间隙,她重新摸出信纸,阅读起自己已经烂熟于心的字句。

乐儿:

当你收到这封信时,我已经去了另一个世界。你不必悲伤,因为我与你不过是一对萍水相逢、互相慰藉的陌生人而已。

　　我的死并没有什么值得难过的地方。如果实在要说，只能叹一句时不我与。你也大可不必为痛恨过我而感到丝毫内疚，因为这两年来，我只是利用了你的青春美貌，为自己苟延残喘的生命增添一丝乐趣罢了。

　　我死之后，这笔钱属于你，你带着它们去任何你想去的地方，过你想过的生活，做你想做的事情。不必记得我，也不必再回顾我与你的过往。

　　去吧，我的姑娘，你拥有一双湛蓝色的眼睛，不要再让它们被我这样的罪人污染。我并不爱你，从不爱你，再见了。

胡佑明

　　信的末尾，是一个银行保险柜号码——一〇二，密码是她的生日和姓名拼写。乐儿尝试了几次，在"安乐"的拼写被报错误之后，哆嗦着双手，输下了"迟乐"二字。

　　保险柜开了，里面是张承志曾经带走的属于姐姐的全部财产，他将那些钱兑换成了黄金，全部存了起来。

　　那一刻乐儿明白了：连胖子都能从模糊的记忆中认出她的真实身份，更何况是曾与她相处甚久的胡佑明。

　　他知道她是谁，知道，所以不认她；知道，所以由着她杀了自己。

　　胡佑明拿自己的命换了她的仇恨消弭。他拿走姐姐的财产，精心策划了七年。他刻意在厕所呕吐，暗示她黄楼的到来，还精心准备了和她常用维生素片类似的药片，这一切，都是胡佑明故意为之，让她毫无谋杀嫌疑。

　　她拼了命地想要谋杀那人，那人拼了命地保护她。

他不爱她，他在信的末尾这样写着。

乐儿仰起头，任凭眼泪如细碎的流沙般顺着脸颊流淌。其实她明白的，一直都明白：张承志没有害死姐姐。她从张承志看姐姐的眼神里读出了与自己一样的心情：无能为力的心疼与爱怜，无法被掩藏的罪恶感。

如今，当一切尘埃落定时，乐儿终于可以承认自己的爱意，也终于明白了胡佑明的真心。然而那又如何呢？

此刻，乐儿全身都被一种无法名状的痛苦包裹着。胡佑明也能看见人眼中的色彩，他的这份能力似乎传染给了自己。那么张承志呢？他面对这个世界时，他的双眸，到底是什么颜色？他看着镜中的自己时，他的眼睛，又到底是血红色多，还是蓝色多一些呢？

囚徒

起

从万非家出来时,太阳大得有点晃眼。我抬手遮了遮,慢慢往前走着。我拒绝了万非吃饭的邀请,决定趁时间还多,回家补一觉。

我放弃坐车,头还疼得厉害,再去颠那么一两下,我怕自己会真的吐出来。

我慢悠悠地绕着远路往家走,一边走一边回想着刚刚和万非聊天的内容,还有他老婆艾艾不小心用纤细的手指轻轻碰到我时那一丝微微的颤抖。

和他们断了联系的两年时间,说长不长说短也不短,但它可以让人在忘记很多事情的同时,也让人之间的嫌隙更深。

不知不觉,我走到了那条偏僻的小巷前。我停住了脚,揉着额头,盯着那条如今已经完全看不出曾发生过惨烈凶案的地方。"真是魔障,"我在心里嘀咕,"这地方真是魔障。"

我做同一个关于这条小巷的噩梦,已经有两年的时间了。每天晚上我都会梦见那具烂兮兮的尸体在漆黑的夜里,从地上爬起来,筋骨错位地向我走过来,一边走,还一边喊着我的名字。他身上骨骼互相摩擦时还会发出"咯吱咯吱"的声响。

两年前的一天清早，在我接到电话，匆匆赶到现场时，小巷外已经围起了层层的人群，平时略显僻静的小路此刻显得无比喧嚷。我挤进去，站那头指挥的是鉴证科的李队。他抬眼看是我，点点头，走过来俯耳对我开口。

"死状有点惨，等会儿注意点。"

我好笑地瞥了他一眼，一边摸出手套戴上，一边往里走，回头对他开口。

"能有多惨？多惨的，我都见识过了。"

接着下一秒我就立马后悔了。躺在地上那个人的确死得很惨，不是语言能形容的惨：受害者身上被戳了很多窟窿，血已干，关键是他的脸，已经被石头砸碎，根本不成形状了。

我甚至可以想象出凶手蹲在他身边用大石头一下一下敲下去时骨骼发出的那种脆响。工作这么多年了，这是我第二次见到脸全碎了的尸体。

我觉得一阵恶心，旧时不好的回忆蜂拥而至，我猛地回过身，捂住了嘴，眯着眼睛深深地吸了两口气。李队同情地对我摇摇头。我舔了舔干涸的下唇，调整下僵硬的表情，走过去蹲在采样人员的身边。

"死因是什么？"

"还要等进一步分析。"

我点点头，起身。尸体周围环绕着一堆蚊蝇，"嗡嗡"地飞得烦人。我伸手撩了下，采样人员抬眼瞥瞥我，又敛下眸去。

"根据尸体的样子来看，凶手很可能不想让人认出死者，所以才砸碎了脸。现在麻烦的是，连指纹也没有，身上没有钱包，也没有证件，很难鉴定他的身份。只能把尸体大致特征发布出去，看看有没有人认领。另外，我会采集他的血样，看看犯罪记录里有没有相匹配的人员。"

"只能这样了，辛苦你了。"

我对他笑笑，拍拍肩，刚准备离开这块让人恶心的地方，忽然，不远处一块小小的发光体进入了我的视线。

我看了看周围，似乎没人注意到它。

我走过去，那块发光体被盖在一张报纸下面。我拿脚尖轻轻撩开报纸，原来是一个银色的打火机。

我把打火机拿起来看了会儿，它的背面刻着两个英文字母："MS"。

看样子应该是个定制的打火机，我将它揣进口袋里，起身朝李队走了过去。

而后，调查结果出来了，血样库里没有与死者相匹配的人员。警方发出了寻人启事，可一直没人前来认尸。其间，我们调查了一些嫌疑人，其中包括万非的老婆艾艾。在法医推定的死亡时间内，艾艾被摄像头拍到在案发附近。据她称，她当晚不大舒服，去超市买了点感冒药，而那条小巷正是从万非家到超市的必经之路。不过，后来我带队取证，证实了艾艾的说法，事情也就不了了之了。

当时是我亲自送艾艾回的家。她的脚步有些虚浮，她的视力因某个事故正急剧下降，已经看不大清楚路面了。不过她很冷静，对我也不热络。这无可厚非，毕竟在她眼中，我是万非数一数二的好友，凡是和万非扯上关系的人，艾艾都不喜欢。

那天我没有看到万非，艾艾说，他出去了，不知道什么时候会回来。之后的两年里，我再也没有听到任何跟万非有关的消息。

日复一日，报纸上终于撤了关于凶案的报道。秋天来临，贴在电线杆上的启事被风卷着掉在了地上，任人践踏。

再没人想起那个横尸在小巷里的人。

李队同意了我给案子的定性：流动作案、抢劫杀人。在我们大致圈定了几个在逃犯后，案件终于石沉大海，就和我预料得一模一样。

此刻，我又回到了这个地方。那起悬案早就无声无息地被藏匿，再无人问津。若不是今天与万非和艾艾重逢，我也不会走这个方向。我长久地盯着这条路，脑子无法控制地想起当年那具无人认领的尸体。他此刻还被裹在一层白色的布里，放在冰冷的盒子里。

也许用不了多久，他就会被转手运给医学院的学生。

我的太阳穴一跳一跳地疼起来。我使劲摁住太阳穴，脑子里不断回放着刚才万非那双总是若有所思盯着我的眼睛，还有他的闪烁其词。

今天，我看着他们夫妻琴瑟和鸣的样子，一直微笑，时不时调侃两句，女人脸上还和以前一样会飞起红晕，而万非总是牵着她的手害怕她因看不见而受伤。

这样的万非让我觉得很陌生。在和万非最后一次心平气和的聊天中，我得知他的生意失败后，卖掉了房产和豪车，准备搬家，而艾艾也早已不是那个让他魂牵梦萦的女孩了。他当时喝着闷酒告诉我，艾艾是个丧门星，如果不是她，他的事业也不会崩溃如斯。在我的记忆中，他和艾艾的关系，就像他和我的一样，已经冰冻三尺了。

与旧识重逢并不总值得欣慰

　　早上,就在我提着公文包经过路口,等红灯时,忽然看见马路那头被人搀扶着的艾艾含笑的侧脸。她穿着素色的裙子,一只手被人轻轻地拽着,另一只手抓着根手杖,微微仰着头,脸朝前方,不知在说些什么。我没能看清她身边的人是谁,可从身高打扮上瞧,很像万非。红绿灯闪了闪,一辆大巴开过挡住了我的视线,就如同所有电影里演的那样,在车离开后,街那头已经没有人了。

　　我滞在原地良久,四处看了半天,这才发现,自己竟然忘记了万非。

　　我抬手看了看表,早上九点多,已经迟到了。前几天我们刚破了个大案子,我又接到了可能升职的消息,所以头一天晚上和李队他们开了个庆功宴,一醉方休。今天清早挣扎了半晌才从被子里爬起来,在街上溜达了几圈还是觉得头痛欲裂。

　　我使劲捶了捶太阳穴,确定自己刚才没有眼花。当年在学校时,万非这个有钱大少也不知道着了什么魔,天天跟在艾艾后面转悠,想尽一切办法讨她欢心。为了她哭,为了她笑,写诗唱歌,无所不用其极,听说还和死党朋友闹翻了脸。要不是后来,艾艾弟弟死的时候万非跑前跑后、当牛做马,再加上他还能说会道,我看这件事八成也悬。等万非好不容易把艾艾追到手了,怕夜长梦多,一毕业就结了婚,当时我还参加了他们的婚宴。

　　可惜再后来,我和万非的关系就一落千丈,再也回不到从前了。本来我打定了主意,不和他们家的人再有半点瓜葛。只是今天再见到那女人，我忽然又想起了万非，还有那些我们一起经历的时光。无论好坏，他始终是在我青葱岁月里陪我走过一段路的人。

我有些失神地往前走了几步，又咬咬牙站定。李队昨晚的醉话还在我耳边回荡，我想起那个诱人的升职条件，本来下定的决心动摇了起来。

昨天在李队喝得醉醺醺的时候，我问他，上头对升职这事儿有没有什么考核的标准？他打着酒嗝跟我说了个平均的破案比率。我掐指算来算去，正寻思着用什么案子来提高我的破案率，李队忽然笑嘻嘻地拍拍我说，不如就从两年前那桩无名尸案下手。

他说，要是能破了那案子，什么比率都是浮云。

如果换成了从前，我是怎么也不会答应的，那案子藏得太深，牵扯太广，其中不可告人的事情也太多了。要不是因为莫名其妙遇到了艾艾，我是绝不会轻易去碰的。

李队给了我批条，决定让我亲自负责、重新审理这桩案子。我想起当初在太平间里绕着那尸体走的那一圈，我冷得心寒，几乎连手上才找到的资料都拿捏不住。我当时没想到的是，在万非用钱把我塞进警局的多年之后，我竟是靠这个案子拿到一个不错的升职机会。

说到这里，我还真该好好谢谢他。

我摸出电话，给李队拨了过去。那头响了两声后，李队还带着酒意的声音传来。

"喂，李队，我今天请个假。"

"行啊，才要升职就摆谱？"

"您就别笑我了，昨天喝太多，现在头疼得厉害。"

李队沉默了会儿,终于爽朗地笑起来。

"行,你去休息,我打个报告,就说你身体不舒服。"

"唉唉,谢谢您了,明天请吃饭,算我的。"

挂了电话,我的笑容随之淡下去。我将手机揣进兜里,咬咬牙,抬手叫了辆出租钻进去,开口说出那个我已经很久没提起的地址。

"师傅,合群路下三段一号,谢谢。"

车行了十多分钟停了下来,我把钱给了司机,然后下车。阳光下那栋楼虽然显得老旧,却还不至于倾危。

我来到当年和万非绝交的地方,四周看了看。两年已过,物是人非,我却一直记得当时他阴森森地盯着我的眼睛开口。

"我不会让你好过!"

我知道他手里握着我的把柄,却从没想过他会以此要挟我。

我深呼吸了一口气,抬脚往楼上去。虽然两年了都没什么动静,但我不能把握现在不会出什么乱子,尤其在我准备升职的当下。

敲了两下门后,里面传来应答的声音,门开了。不出我所料,艾艾系着围裙站在门里,有些迷茫地看着前方。

"谁?"

"嫂子,是我,叶子毅。"

艾艾一顿,挤出一丝笑来。

"是你啊,好久不见了。"

我皱皱眉,觉得事情不大对劲。我抬起手在她眼前晃了晃,她没有丝毫反应,这下我才真的慌了起来。

"你的眼睛……"

"出了场事故,脑子里有个血块,压迫到神经,就逐渐看不到了。"

"多久了?"

她露出迷茫的神色，歪歪头想了想，接着竖起手指。

"两年多了。"

我一时竟有些说不出话来，本来想打探的问题也全咽回了肚里。就在我们俩相对无言的时候，房间里传出另一个声音。

"艾艾，谁啊？"

我浑身一个激灵，抬起头，还来不及开口，万非已经出现在门里。他看见我，先是一顿，接着很不自然地笑了笑，侧身让我进去。我却呆了许久，只是一个劲呆呆地盯着他的脸打量。心中有种急剧膨胀开的莫名情绪阻挠着我进那个房门，直到他轻轻叫了声我的名字，那声音和我记忆中的没有丝毫差别。

我跟着他们进了客厅，万非给我端来茶杯。客厅里没有开灯，有些黑。万非走到我身边，告诉我，刚才他一直关着门在书房里面。他顺手开了落地灯。一只小虫子飞过来，落在灯泡上，被烫得"嗞"的一声掉在了地上。

我一愣，盯着它看了半晌，忽然觉得这个房间里充满了阴谋的味道。

世上没有完美无缺的爱情

离开万非家附近的后巷后，我没有按照原定计划回家，而是掉头直奔警局。今天发生的一系列事情都超出了我的理解范围，我需要找个地方把事情都理顺一次，而警局的档案室无疑是最好的去处。

我跟档案室的小妹打了声招呼，两三句甜言蜜语哄得她笑嘻嘻地跑出门帮我买爱心午餐，接着调出所有两年前的失踪人口调查档案一件件地翻查。我满心以为事情可以如我想象的那么简单，能够很快水落石出。可惜我找了整整一下午的资料，直到太阳落山，还是一无所获。

我疲倦地从卷宗里抬起头来，最后一丝太阳光挣扎着在我面前晃了晃，很快消失不见了。城市华灯初上，我眯起眼睛，盯着窗外的霓虹，点了支烟，回想起刚才拜访万非夫妇的情形。

艾艾的眼睛瞎了，对比她原来的明眸善睐，我觉得很是可惜。她告诉我，两年前她发生了一起事故，头撞到了桌子，颅内血块淤积，压迫视神经。可因为血块位置太偏，医生不能动手术，所以视力渐微，到了后来，就逐渐什么都看不到了。这话和当初我送她出警局时所听到的一模一样。今天她说这些话的时候，万非一直在她身边，紧紧地握着她的手，眼神专注地盯着她。

我和万非聊了会儿天，算是忆旧，其实大多数时候是我在问，他在答。我发现万非清晰地记得当年我和他之间的一些过往，事无巨细。不论我提到怎样微小的细节，甚至连我记忆模糊的，他都能够对答如流。这让我觉得万非是刻意把一切和我有关的东西默记于心。不过总体来说，这场谈话还算愉快。聊到快吃午饭时，艾艾邀我留下，我赶紧拒绝了，起身想走，口袋里那只捡来的打火机掉了出来，落在地上发出一声轻响。万非弯腰捡起来，看了看，还给我。如果没记错，那是今天他主动问我的第一个问题。

"你这只打火机是定做的吗？"

"啊，不，朋友送的。"

"挺不错。"

而后他又恢复了沉默，转过头去，一双眼睛只盯在艾艾身上，仿佛怎么也看不够似的。我从他们家出来，他们家没前几年顺风顺水时那么宽敞了，不过胜在干净。

艾艾拄着拐杖慢慢送我到了门口，双眸空洞地盯着前方。万非跟在她身后。我伸手握握艾艾的手，让她保重身体。万非的目光和我的刚接触到，很快又移开了。

如此看来，万非似乎并没有把当年发生的事情告诉艾艾。

不过想想也是，如果他说了，恐怕今天我就看不到这举案齐眉的一幕了。我站在他们的楼下，双手插袋，仔细思考。当年万非说起艾艾时眼中那无法隐藏的厌恶依旧历历在目，可今天他就像变了个人似的，对艾艾呵护备至。

我不相信万非是个念旧的人，否则他也不会用当年的事情来威胁我。就在我左思右想时，一个中年女人提着菜篮从我身边走过。我一顿，赶紧跑过去叫住了她。

"麻烦，我想问问，您认识万非吗？"

女人有些犹豫地看着我点点头。

"我住在他们隔壁。"

我摸出警员证给她看了眼，对她眨眨眼睛。

"是这样的，我们正在调查这个叫'万非'的人，希望您能配合。"

"他做了什么事情？"

"没什么，他是我们——"我一顿，扬起笑容，"他是我们一宗案子的证人，为了确保他证词的真实性，我们必须调查一下他的背景。"

"行，你有什么事情就问。"

女人的眉心一下舒展了，将菜篮往边上一放，做出任我询问的姿态。

"我也就不多啰嗦了，您知道——他老婆的眼睛，是怎么瞎的？"

女人一顿，脸上瞬时显出厌恶的神情。她仿佛在斟酌字句，过会儿,压低了声音抬起头看着我开口:"这个万非,不是个玩意儿。"

"怎么说?"

女人瘪了瘪嘴,叹口气。

"这只是我猜的,但八九不离十,你可别说是我告诉你的。"

"那当然、那当然。"

"这个人原来不住我们这里,听说是个挺有钱的人,后来生意做亏了,破产了,没办法才搬过来。他搬过来没几天,我就听见他们家里吵架。开始,我想着是人家两口子的事情,也没多心,谁知道吵架的声音越来越大,我还看见过他老婆跑出来,捂着嘴哭兮兮的。我没去问,但看样子……"

"家庭暴力?"

"差不多那个情况。"

我抿了下嘴,这女人说的正是我认识的万非会干的。

"后来有一天,大概很晚了,我都准备睡觉了。听见他们又开始吵,吵得很厉害。我家那个让我别管了,可我当时好奇,就偷偷开了道门缝听。我听到他们说什么弟弟什么的,也不大清楚,后来又是一声巨响。我吓了一跳,都准备过去问,结果就看见万非突然开了门,脸色很不好,背着他老婆急匆匆下了楼。"

"背着?"

"对,那姑娘八成已经晕了,我看见她衣服上有血。"

"你怎么没报警?"

"别人的家事,我哪能操这么多心?"女人瞥了我一眼,摇摇头,"后来他们消停了几天,再过段日子,姑娘的眼睛就瞎了。"

"可我觉得他们挺好啊,今天去他们家看了看,他对他老婆很体贴。"

"愧疚吧?反正他消失了挺长一段时间,回来的时候脸上还包着纱布，好了之后，就没听他再打过人。"

"大约消失了多久？"

"半年多——对，大半年的样子。"

我大概理清了头绪，正准备跟她说再见，那女人忽然又讷讷地开口，像自言自语一样。

"其实我觉得，要是艾艾跟外遇对象在一起，那也比现在强。"

她的话一下点燃了某种可能，我刚踏出去的脚步又不由自主地收了回来。

"能详细说说这件事情不？外遇对象的名字是？"

女人咬着唇，皱着眉，仔细想了许久，犹豫着吐出一个名字："弥……弥生？好像是叫弥生。"

满巢的记忆中总有那么一两个坏掉的蛋

昨天在正式的手续之后，我升任了梦寐以求的主任。晚上喝酒时，李队拍着我的肩膀说我年轻有为。我盯着他醉醺醺的双眼，想起这个人当年对我的不屑一顾，觉得有些好笑。不过也不怪他，毕竟我能进警局，靠的是万非的关系和钱。从这点上说，万非算得上我的大恩人。虽然代价不菲，但我总算谋了个正职。当然，如果他不用过去那些事情来要挟我，我会更感激他。

当年万非家很有钱，他是开着跑车上学的富二代，我是勤工俭学的贫困生，比他大一岁。我和他之间本来不该有什么交集。

可惜在我大三那年，我犯了个错误，之后就像墨菲定律那样，错误越犯越多，终于无法收场。

当年我很缺钱,看着周围人挥霍,就兴起了一个念头:半夜潜进学校的档案室,偷走第二天司法考试的试卷。

可惜我躲过了值班的门卫却没能躲过万非。他当时开着车送艾艾回校,恰好把我逮个正着。

我吓得全身哆嗦,他还没问几句,我便把自己的事情全都招了,还差点跪下让他别去举报我。万非扬起诡异的笑容,把卷子从我手里抢过来,看了看还给我,接着让我离开。我还以为自己撞了大运。第二天,把卷子交给联系好的人,拿到一笔不小的报酬,正打算着去买点什么犒劳自己时,万非似笑非笑地又出现在我跟前。

原来他给我录了音,还把我刚才和人交易的场面也一起照了下来。

从那天开始,我成了万非的跟班。很多人都觉得奇怪,为什么我一个高年级的会成天跟在低年级的小孩身后当牛做马,跟奴隶一样?我无从解释,也无法解释。起先万非并没有强迫我做什么很过分的事情,无非是让我帮他点到,帮他考试,接着帮他写情书给艾艾。万非只和我认真聊过一次天,只有在那次,我以为他当我是朋友。

那天他把我叫去酒吧,他喝得迷迷糊糊的,等我进去,不由分说灌了我一杯,接着在酒吧的音乐声中在我耳边使劲吼,说弥生和他打了一架。

我不认识弥生,听过一两次,好像是万非当时最好的哥们儿。

我对他们之间的事情根本没有兴趣,可万非那天像个小孩一样,拽着我使劲地嚷嚷,先是喊弥生不够义气,而后又开始喊艾艾的名字。

我陪了他大半夜,等他把该吐的差不多都吐在我身上后,扶着他跌跌撞撞地出了门。到那时我才弄明白,原来这个叫弥生的好兄弟，想要和他抢艾艾。

之后万非蒙头睡了一觉。等他醒来，仿佛什么都不记得了，不记得跟我说过弥生，也不记得当时吐了我一身。

我和他的关系依旧是被利用与利用。

再后来我大四了，快要毕业那阵子天天忙着东奔西走找工作。万非依旧沉浸在追求艾艾的事业中无法自拔。

为了提升艾艾对他的好感度，他想尽一切办法认识了比我们都小很多的艾艾的弟弟。那个小孩什么都不懂，被万非三言两语骗了，天天一起进出酒吧、醉生梦死，把学业荒废得一塌糊涂。自然而然的，他们的考试就全成了我的功课。

那天下午，阳光晴好。万非背着艾艾，又把小孩从课堂上诓出来。万非给那小孩买了辆新车，说要带着他出门试车。我心不甘、情不愿地从实习地跑回来，接下了帮小孩点到的工作。

正当我在课堂上昏昏欲睡时，手机把我给震醒了。

那是万非发来的短信，很简短，带着不容置喙的命令语气。

"到西郊五里地来，不要告诉任何人。"

直觉告诉我，不应该蹚这趟浑水，但服从万非仿佛已经成了一种我无法抗拒的习惯。我犹豫再三，还是叫了辆的士，到了万非指定的地方。

当时万非就坐在路边等着我。我下了车走近他才发现事情有些不对劲。万非是个很爱干净的人，平时总是衣着非常得体，可那天他的衣服显得十分脏乱。仔细看，他的额上受了伤，血液干涸在脑门上。他低着头，咬着手指，整个人显得失魂落魄。路边扬起的尘埃丝毫影响不了他，他一个人静静地坐在那里，就像石化了一样。我走过去，他抬起头，眯着眼睛看我，神色阴冷。

"死人了。"他对我开口，接着一顿，"艾艾她弟，撞死人了。"

顷刻间，我的脑子"嗡"一下炸开了。天上的太阳毒辣地吐着舌头一遍遍舔着地面。我有些口齿不清，结结巴巴地问他。

"你说明白，究竟怎么回事？"

万非忽然来了火，猛地起身揪住我的领子。

"你聋了啊？我说，艾艾她弟撞死人了！"

我惊惧地盯着他的眼睛，我发现他揪着我的手正微微发着抖。我咽了口口水，觉得嗓子像被刀子拉了一道似的干裂地痛。

"在哪里？"

"那头。"

"她弟呢？"

万非抬起眼瞥了我一下，放开我，后退一步。我的心愈发凉了，高温无法抵御我心里窜上来的寒意。万非认真地看着我，一字一句开口。

"受了重伤，在那边躺着。你跟我来。"

我跟着万非走了十多分钟，到了他们出事的地方。血液已经被烤干在路面上了，一双腿横在车身前面，一动也不动。我没敢探头去看那具尸体的模样。

万非一言不发，拉着我到了车门边，我往里看，那小孩斜斜地靠在座位上，绑着安全带，全身呈一种不自然的姿态，很是扭曲。

而最可怕的是，他身上的血量告诉我，他也活不了了。

一下子两条人命就没了，就在一堂课的时间里。

我怔怔地站着，万非在我身后拍了拍我的肩膀，我腿肚子一软，一下子坐在了地上。

"万非，你们怎么搞的啊？怎么会变成这样了？"

我颤着声音回过头去，万非不耐烦地看着我，狠狠一挥手，我发现他的手腕上有被抓的伤痕。他顺着我的目光一瞥，忙将袖子撩下去。

"你别管那么多,做事!"

"做……做什么事?"

"报警啊。到时候警察来了,你得做我的证人,证明我没开车!"

我愣了愣,问了句这辈子最傻的问题。

"当时不是你开车吗?"

万非听到我这话,目光猛地凶狠起来。他喘着粗气扑到我面前,一把抓住我的脖子,"哐当"一声把我压在车门上。我微微张着嘴,难以置信地盯着他看。他的神色阴险又歹毒,仿佛正计算要用多大的力量将我掐死。

"万……万非?"

"你听着,你当时也在场,这件事情不关我的事。"

我嗓子猛地发紧,某种莫名的情绪突如其来,侵袭了我的大脑,让我的膝盖发软,下肢无力地哆嗦起来。万非见我愣着不说话,一拳打在了车身上,接着狠狠开口。

"没听见?我让你跟我说一次,'我当时在场,我看到不关他的事'。"

我畏畏缩缩地盯着他一张一合的嘴,终于讷讷地跟着他开口。

"我……我在场,不关他的事。"

"是小孩开车撞死了这个人。"

"是小孩开车……撞死了这个人。"

"我和他,都不在车里。"

"我和他都不在车里。"

"很好。"

万非的阴毒凶狠收敛了些,却依旧用力地瞪着我,嘴角浮出一抹轻轻的冷笑。

"你好好作证,到时候少不了你的好处。"

我忙不迭地点头,万非一把放开我,掏出电话拨了110。我揉着被他掐痛的喉咙使劲咳了会儿,抬起眼时,忽然又看见了那双在车前的腿。

我不知自己怎么想的,总之我慢慢站直了身子,走了过去。

那是我第一次看到死人。那个人脸侧贴着地,头侧向一边。他的手指蜷缩着在身体旁边,身下的血绵延了很远,像爪子一样紧紧地抓在地上,又好像干旱时土地裂开的龟纹,细长地纠缠着。

我听见自己如锤击鼓的心跳,还有不断吞咽的声音。我觉得一切很荒诞,阳光太大,制造出疑似幻觉的光晕。

万非回头看了我一眼,我对他挤出笑容。我能感觉到自己两颊肌肉的僵硬。他心神不宁,没空管我,又很快把头转回去,拼命咬着手指,也许在心里算计什么。

我扶着车,绕到前面,终于看到了那人被撞得支离破碎的脸。那一刻,我蹲在地上无法自已地干呕起来,像是要把五脏六腑全都吐出来一样。

不知道过了多久,我无力地坐在地上。万非走到我身边蹲下来,他的神色缓和了些,甚至还带着点笑意。

他伸手拍拍我的肩,正要说什么,远处传来了警车的鸣响。

我眯着眼睛挣扎着坐起来些,再次瞥见他手腕上的抓伤,还有那几条已经逐渐淡下去的瘀痕,它们就像是被什么人用手指狠狠抓住,导致血流不通造成的。

警方把我们俩带了回去,艾艾的弟弟也被送上了急救车。

从警察来的那一刻起,万非变得十分悲痛,他的神色恍惚,偶尔还会抽搐,就像陷在无边的恐惧中那样。

没有人怀疑他。

我一直坐在他的对面，警车里弥漫着恶臭的烟味，让人气闷。我低下头捂着嘴，尽量避免呼吸，有人轻轻将手放在我背上为我顺气。

他们一定以为我是被车祸吓坏了。没有人知道，真正吓坏我的，是正带着天然的畏惧表情，坐在我正对面的人。

我按万非的吩咐提供了假口供。而后我又跟着他去了医院，看着他将艾艾抱在怀里，她弟弟在半路就断了气。

艾艾哭得几乎晕厥，万非一直轻声安慰着她。我站在一边冷眼旁观，看到艾艾回过身，抱住了万非。他越过艾艾的肩膀看着我，面无表情。可我知道他想说什么，我对他点头，接着转身离开了医院那条弥漫着消毒水味的狭长走廊。

再后来，一切如万非所愿。万非在弟弟丧事期间帮忙，还自觉承担了给死者的赔偿，让艾艾一家免于被起诉。艾艾为此十分感激他。女人总是会被表象所蒙蔽，从而忽视更为本质的东西。

只有我注意到了那些疑点。比如，为什么万非不立即报警而是先要找我串供？为什么艾艾的弟弟受了重伤而万非几乎毫发无损？还有，为什么万非的手上会出现那些可疑的抓痕和淤青？

答案很简单，当时开车的人是万非，撞死人的也是万非。

万非为了脱罪，一不做二不休将艾艾的弟弟打成重伤，然后把一切责任推在他头上。之后为了不让伤痕被人发现，三伏天里万非连着穿了两个月的长袖，直到那些痕迹彻底淡去。他很聪明，一举两得，没有任何人抓住他的把柄。而唯一知道真相的我，则由于这样那样的原因，早已彻底沦为了他的帮凶。

有一种东西会让人为之奋不顾身

带着李队的条子，我顺利地看到了两年前那具无人认领的尸体。他一直睡在冰冷的太平间里，听说已经排上了队，还有几个月就能直接送给医学院了。这样他就成为我们破案记录上不大光彩的一笔。

我对医护人员点点头，示意他关上门出去。我捂着鼻子撩开白布看了看，还是觉得无比恶心。

我一边看着这具尸体，一边给万非打了个电话。那头在响了三声后被接起来。万非沉稳的声音传来，不复当年的阴冷。

"喂，是我。"

他顿了顿，也许没想到我会再找上门，犹豫了会儿，接着开口：

"有事吗？"

"我想见见你，明天方便不？"

"明天吗——"

他有些犹豫，我赶紧补充了句。

"和艾艾有关，但不能让她知道，所以想找你先说说。"

果不其然，他一下紧张起来，连声音也不由自主拔高了些。

"艾艾的什么事情？"

"两年前的事情，最近发现了点对她不利的线索——"我卖着关子，听见他在电话那头变得有些急促的呼吸声，"你来不来？"

"——来。"

"记得不能跟艾艾说，咱们是老朋友，我才破例先跟你透个口风。"

"我知道。"

"那老地方?"

万非一顿,接着问:

"老地方——是哪里?"

他的问题证实了我的猜想,我几乎笑出声来。

我清清嗓子,一字一句开口:"就你家对面的咖啡吧,早上九点,不见不散。"

我挂上电话,将尸体推回停尸格里。我相信最终会有一个人出来承担杀了他的责任,虽然不算圆满,但总能安慰点他的在天之灵。

我回到家里,准备了一杯黑咖啡,将资料摊开,准备把它们通宵看完。我不喜欢打无把握的仗,也不想再像当年一样,被人玩弄于股掌之间。

等我看完那叠资料,天也透亮了。如果我猜得没错,事情应该很快就会有定论。而我唯一尚未弄懂的是那人的动机。

我收拾好了一切,启程去了咖啡吧。

万非还没到,我要了点早餐,慢慢地吃着。我坐在靠窗的座位上,这样方便我观察大街上可能发生的一切。

当年我和万非谈判也是如此,坐在一起,吃着东西。当时我的事业正风生水起,而他濒临破产。我把一袋钱给他,告诉他,这是最后一次,从此之后两不相欠。他对我露出丑恶的笑容,告诉我,除非他死,我才能下船。

那天我注视着他的笑容,目光回落到手里的刀上,我很想当时就把刀子慢慢地插进他的脑袋。

可最后我只是干笑两声,喝了点咖啡,润润嘴唇,然后告诉他,我只是开个玩笑。

万非一如既往地用那种阴冷的眼色看着我,就像伺机而动的蛇。

我等了没多久,远远地看见万非一路小跑着过来了。我吩咐服务生再拿来一杯咖啡。

万非进门,看了一圈,接着急急地来到我面前坐下。

"怎么回事?"

我笑了笑,给他加了两块糖,并不准备立刻回答他的问题。

"万非,我们大概有两年没见面了,你还好吗?"

他瞥了眼面前的咖啡,拿起来喝了口,点点头。

"虽然家境不如以前了,但艾艾还是把家操持得很好。"

"看得出来,你和以前一样,就连喝咖啡的习惯都没变,"我又笑,抬起头看着他,"还记得不,你以前总让我帮你买咖啡,要两块糖。"

"是啊……习惯不是说变就能变的。"他挠挠头,似乎不好意思打断我刻意的寒暄,又抿了口咖啡。

我摸出烟和打火机,对他举了举。他盯着那打火机看了会儿,摇摇头。我将东西放在桌上,接着从包里摸出文件材料推到他跟前。

万非疑惑地看了看我,将东西拿起来看。

我继续假装无聊地喝着咖啡。当我喝完一杯抬起头时,毫不意外看见他那变得青白的脸色。

"这是什么意思?"

他盯着我,我耸耸肩,将咖啡杯推到一旁,摸出纸巾擦了擦嘴。

"是什么意思?资料上已经写得很清楚了。我前几天一直在查阅失踪人口报道,后来,我发现,不是所有人失踪都会被立案调查。有的人就算死了,也不会引起任何人的注意。所以我转而排查过去几年的事故记录,终于被我找到了你手上的这份。"

万非的脸色变得更难看了,我摇摇头,有些同情这个目的不明的家伙。

"两年前,郊区发生了一起严重的车祸。车子撞在了树上,车身全毁,车主重伤。可就在车主被送进医院之后没多久,他就消失了,从此再也没有人见过他。我查过车主情况,这才发现,他一直是单身,父母双亡,自己开了间不大的公司,可自从车祸后,公司也注销了,朋友嘛——也只有那么两个,一个叫万非,一个叫艾艾。"

万非皱起了眉,我决定结束这场哑谜游戏。我往前倾身,轻轻地用手指敲着桌面。

"我认识万非很多年了。万非是喜欢艾艾,可喜欢的只是她的脸。我还记得当初万非和我闹翻之前告诉我,艾艾是丧门星。我了解万非是绝对不会产生愧疚这种情绪的,同样万非喝咖啡也从来不会加糖。"

坐在我对面的"万非"狠狠一顿,眼睛瞥一下那杯已经凉了的咖啡,又转回来看着我。我继续微笑,内心愉快。

"住万非家对面的大妈告诉我,生意失败之后,万非经常打艾艾,甚至还害得她失了明。可在我看来,你现在简直把她当成心肝宝贝一样宠着,这太不正常了。于是我的脑子里出现了一个问题:在那个房间里和我轻松交谈、脸色镇定的万非,究竟是遇到了什么事情才改变的呢?可就我所知,万非不是一个会改变自己的人。所以后来我又开始想另一个问题:如果他不是万非,那么这个假扮成万非的人究竟是谁呢?"

"万非"的嘴角抽动了下,想说什么,可最后还是紧紧地抿着。

"我查了很多事情,越来越能证实我的猜想。那么现在最后的问题是:你到底为什么要在车祸之后,把自己整容成万非的样子,还甘愿卖掉了很有前途的公司,跑到艾艾的身边去呢,弥生同学?"

说完,我将打火机丢到"万非"跟前——或者更准确地说,弥生跟前。弥生抬起头来,盯着那打火机,接着拿起来,放在掌心里,出神地抚摸着。

打火机背面刻着的两个单字:"MS"——弥生的姓名缩写。

这打火机是当年艾艾送给弥生的。我还清楚地记得万非在酒吧里吐了我一身的那晚,告诉我艾艾喜欢的人是弥生,还告诉我,艾艾用自己打工挣的钱,给弥生买了一个刻了他名字的打火机。如果不是艾艾弟弟出了事,万非根本没法把她娶回家去。

弥生咬紧了牙。我让服务生给我续了一杯,继续慢慢地品尝着。

"你什么时候发现的?"

"一开始。"

他笑起来,摇摇头,脸上露出挫败的神色。

"从你那天莫名其妙跑来我们家,我就知道事情不大对了。和电影里说的一样,出来混就是要还的,没办法。"

"多亏了女人天生爱八卦的性格,不然我怎么能联想到你头上?"我冷冷地看着他,"你们隔壁的大妈告诉我,她宁愿艾艾出轨,也不希望她和万非在一起。我当年可是帮万非追了那么久的艾艾,我当然知道艾艾是什么性格的人。大妈跟我说,艾艾被万非打了之后,总会找你,你也总是第一时间出现。大妈记得你总是陪着艾艾散步,一边散步,一边抽烟。有次她捡到了你的打火机,还追着上来还给了你。大妈告诉我,她记得艾艾一直叫你'弥生'。"

弥生困难地吞咽了下口水,摇摇头。

"既然你都知道了,然后呢?"

"既然你能这么长时间扮演万非的角色,那万非想必已经不在了。其实你和艾艾怎么样跟我一点关系都没有,我是刑事科的,只管凶案。两年前,在你们家的后巷发现了一具无人认领的男尸。万非和你都是从事药品相关的生意,被药物腐蚀了指纹是不可避免的事情。而我一直想不通的是,如果只是简单的抢劫杀人,为什么凶手还要大费周章地砸坏受害者的脸？为什么要砍那么多刀？要知道，在砍了那么多刀之后，还把一个人的脸砸成那样子，可不是一件容易的事情。"

弥生的呼吸重了起来。

"弥生，警方当年不是没有调查过艾艾，可惜当时证据不足。但现在不一样了，你和艾艾有婚外情，你假冒万非这么长时间，这都是新证据。我可以把艾艾当成首要嫌疑人来立案侦查。"

弥生一惊，猛地抬起头看着我。

"你想做什么？"

"当年的监控显示，在受害者的遇害时间里，艾艾曾经鬼鬼祟祟地出过一趟门。当时已经是深夜了，她为什么要出去，她做过什么，都是未知数。当年她说自己是身体不适，出门买药，但现在看来，这很值得怀疑。"

"我不会帮你作证的。"

"不用你帮我。你大概不知道吧，当年万非作为艾艾弟弟车祸的证人，在警局留有血样。当初我们排查，只从犯罪者里调集血样配对，忽略了证人的档案。现在我只要用DNA证明那个受害者是万非，案情就会变成你和艾艾串通，谋财害命，情杀。"

"不关艾艾的事！"

弥生一听激动起来，猛地起身。我抬头看着他，脸色越来越冰冷。虽然我心知站在我面前这人根本不是万非，但是每次看到这张脸，都会让我心生厌恶。

"别装了，我知道你一直怀疑艾艾。虽然我不知道你为什么要整容成万非的样子，可艾艾的嫌疑非常大。我今天先给你说一声，是因为我和艾艾还算有那么点同窗交情，希望她能自首，这样我可以帮她争取一些优待。"

弥生愣愣地看着我，过了好一会儿，他终于开口。

"你跟我回去一趟，我告诉你所有的事情。"

伟大的爱情总需要阴谋来烘托

我跟着弥生，再次回到了这间房子。艾艾给我们开门，她仰着脸，带着天真的笑容。如果她的眼睛不瞎，那真配得上"明眸善睐"这个词。我在心里偷偷地叹了口气，在她知道我的来意后，是否还能如现在一般笑出来呢？

弥生让我坐下，拉过艾艾说了两句话。艾艾点头，单手摸着墙慢慢走进了厨房，像是去给我准备吃的。弥生让我少安勿躁，接着他走进卧室里去了。我百无聊赖地环顾房间好一会儿。他走出来时，手里抱着一个包，顺手开了落地灯。

我盯着那灯泡看了良久，转过头来。弥生已经打开了包，里面放着一块石头。

"你拿回去验验，上面有我的指纹，还有万非的血。我相信你们可以确定这块石头是砸他的凶器。"

我眉心一跳，抬头看着他。

"什么意思？"

弥生深呼吸了口气，惨淡地笑起来。

"我这算不算自首了？这块石头是物证，万非是我杀的。"

"你为了她，连杀人罪都肯顶？"

"不是顶，万非的确是我杀的。石头上有万非的血，也有我的。我当年就是用石头来砸他的脸的。你们可以验验。"

"那刀呢？万非身上的刀伤——"

"刀子我丢了，不过这也够你验 DNA 去结案了吧。"

我盯着他满脸的渴切神色，觉得有些不可思议。

"你难道一直藏着这块石头，就为了某天被像我这样的人查明你的身份之后，不拖累她？"

弥生沉默地看着我，接着点点头，算是默认。我猛一把拍在额头上，忍不住笑起来。他不在乎我的嘲讽语气，咬着牙继续卑微地求我。

"你也看到了，艾艾她眼睛不行，根本不可能做那么多事情，也不可能隐藏那么多证据。现在物证都指明是我做的，你抓我就可以了。"

"那她那天晚上为什么会出去？"

"她是真的去买药的，不信你们询问商店的老板就行。"他顿了顿，"而且我那天晚上杀了万非之后，躲在巷子里看到了她。她没看到我，出来买了东西又很快回去了。我就是她的人证。"

"你这样能得到什么？"

弥生一瘪嘴，在仔细思索我的问题后笑了起来。

"你看这个地方，这就是我能得到的东西。"

"你的意思，你不惜变卖了公司，把自己整容变成万非的样子，甚至连声带也整了，就是为了能和艾艾在一起？就是为了照顾她？就为了让她以为万非改邪归正了，还在她身边？"

他再次点头，没有丝毫犹豫。我深吸了口气，我觉得胸口郁结，心里压抑得难以舒缓。我厌恶愚笨的人，尤其是牺牲自我的愚笨的人。

"你想好了？"

"想好了。"

说着，弥生对我伸出双手，示意我把他铐上。我盯着他的眼睛良久，终于忍不住站起身。

"你这个蠢货！"

他抬眼盯着我，眼中有着和艾艾失明前有的一样的纯良。

"我心甘情愿的。"

"发生了什么？"

身后响起艾艾的声音，我回过头，她手里端着果盘，一脸迷茫地看着前方的虚空。我忽然觉得，这个女人聪明透了，可以不动声色就让别人心甘情愿地为她做一切事情，包括为她死。之前是万非，现在则是弥生。

我回过脸，重新坐下。

"艾艾，我要逮捕弥生。"我没有兴趣再和这个女人兜圈子，所以直截了当地开口，"当年是弥生杀了万非，他刚才已经向我自首了。"

身后没有任何动静，没有大呼小叫，没有质问，所以我也没有回头。弥生脸色惨白地看着我，我也看着他。我不明白这个人怎么可以这么蠢？怎么会在这么长的时间里都没有发现，艾艾其实根本不是个瞎子？

第一次进这个家门我就发现了艾艾的秘密，可惜弥生被猪油蒙了眼睛，什么都不知道。

一个瞎子，是不需要开灯的。既然灯没开，为什么弥生开灯的一瞬间就能使灯泡炙热得烤焦小虫呢？

我不知道这种显而易见的小细节，究竟是弥生没有注意，还是他根本不想注意。

房间里静悄悄的，过了很久，艾艾终于开了口：

"不要抓他，万非是我杀的。"

案情停顿了一秒,忽然急转直下。我目光闪了闪,转过头看着她。我不明白了,这难道不是她想要的吗?

艾艾转过脸直勾勾地看着我,她的目光终于恢复了清澈。弥生微微张开嘴,用一种颤抖着的笑声急促地开口打断她:"艾艾,你胡说什么,万非……"

"弥生,够了,他都知道了。"

艾艾转而盯着他,露出惨淡的笑容。弥生瞅着她的眼睛,露出疑惑的神色。

"你……"

"我没瞎。我瞎过一段时间,可当你装成万非回来说要照顾我时,我已经好了。"

"你……你早就知道我是弥生了……为什么?"

这对男女的表现实在太精彩,我好整以暇,决定作壁上观。

"弥生,你有没有听过一句话?"

"什么?"

"人家说,一个女人会重生两次,一次是降临在这个世界上,另一次是嫁人。而你却给了我第三次重生的机会。"

艾艾的声音如我记忆中一样优美,说话犹如吟唱。我调整成更舒服的姿势,袖手看戏。弥生的脸色更苍白了,他颤巍巍地起身,走到艾艾身边,几乎无法言语。艾艾微微抬手,帮他整理衣领。

"为什么……要装成瞎子?"

"如果我不瞎,我还能用什么理由留你在我身边?你呢,为什么非要把自己变成万非?"

"我以为……我以为如果我不是万非,你不会让我照顾你……"

艾艾忽然笑起来,一边笑,一边流泪。我的鼻子也跟着有些发酸,赶紧伸手捏住了鼻梁。我承认自己一向是个感性大于理性的人。

她伸手抱住了弥生,把脸埋在对方怀里,嘤嘤地啜泣了会儿,忽然讷讷开口:

"弥生,弥生,我好后悔啊。"

弥生抚摸着她的头发,难过地轻轻问她:

"你后悔和我在一起吗?"

"不,我后悔我瞎晚了。如果我早瞎一年,我们就可以多在一起一年。如果我早瞎一个月,我们就可以多在一起一个月,就算我只是早瞎了一天,我们也可以多在一起一天。那该多好……"

弥生紧紧咬着牙,过了许久,才从牙缝中憋出几个微弱的字。

"你怎么……这么傻啊?"

我挑眉,站起身走到他们身边,尽管我十分感动,但还是不得不打断这柔情蜜意的一幕。

"弥生,我今天是私下来找你,不是以警察的身份,所以你明天去警局,我算你自首,会帮你跟法官求情,加上艾艾长期被虐待,你不会被判死刑。"

"不是这样的!"艾艾听我说完,忽然叫了起来,"你等等,我有证据!"

说着,她一溜烟跑回卧室。我好奇往里张望,只见她手里握着一把沾着血迹的刀,跑了出来。

"这刀,就是我用来杀万非的凶器。"

事情进行到这里,我已经快要忍不住疯狂大笑起来了,可是为了配合他们之间的生离死别,我只能忍着笑意,将刀接过来。

"那么说起来,是艾艾先用刀杀了万非,被弥生发现,弥生就用石头砸烂了万非的脸,防止被人认出,然后整容成万非和艾艾做一对神仙眷侣。但是这两年中,弥生你不知道艾艾已经复明的事实,而艾艾也不知道弥生为了你居然做了帮凶?"

"你不要胡说,我才是杀人的凶手!"

我话音刚落,弥生就一把将艾艾拖到身后。我冷下脸盯着他们,将两件证物小心翼翼地收了起来。

"具体是什么样,等你们去了警局自然会真相大白。我是警察,不会因为你们各说各话就随意定罪。希望你们配合,明天自己去警局自首。"

"凶手不是艾艾,是我啊!"

"弥生!"

没等我反应过来,弥生忽然扑向我,一把抓住我手里的刀子,刺入了自己的胸口。

一切发生得太快,等我猛地醒悟退后一步时,他已经软软地滑到了地上。艾艾凄惨地叫了一声,扑上前,抱住他。

我惊愕地盯着那两人,一时无法言语,直到艾艾疯狂地冲我吼着要打120,我这才哆嗦着摸出了电话。

不是每次等候都能有良人归乡

弥生没能等救护车来就走了。他下手的位置太准,用力太猛,直接把自己给戳了个窟窿。我坐在沾满了他鲜血的房间里,陪着一旁已经失了神的艾艾,将两件证物小心地藏在怀里。

弥生死前,把打火机举到艾艾眼前,用一种极其沙哑虚弱的嗓音开口:

"艾艾,记得把这个——放在我的墓里。"

我立刻就明白了他的意思。那个打火机是这个世界上唯一能证明艾艾心中有弥生的证据。因为此后在别人眼里，陪在艾艾身边的人，一直都是万非。过了没多久，李队带着人破门而入。我将证据交给他，告诉他，弥生是杀人凶手。

弥生用最后的力气对我点点头，嘴一张一合，像是说"谢谢"，又像是别的什么。我转过脸，不想再去看他。万非已经死了，我何必再多给世界添一桩悲剧，况且万非不是什么好人。

我和李队一起走下楼，他神色严肃地拍拍我的肩。我觉得很累，没有力气多说话，告诉他我想请假回家，休息两天。

李队认真地盯着我看了半晌，点点头，算答应了我的请求。

我转过身一直往前走，太阳把我的影子拖得极长，我的耳朵里还回荡着艾艾凄厉的哭声。我不知道这个女人下半辈子该怎么过，这也不是我该考虑的问题。

我走了一会儿，又来到那条僻静的小巷。

我静静地盯着当年万非躺着的那块地面，忽然兴起了个念头，想揣测万非最后的感觉。我走过去，按照他当时的姿势躺在地上。我仔细地寻思，到底万非当年死的时候在想些什么？是想着求救，还是想着报仇，或者单纯地想着从前我帮他追求艾艾的美好时光？

小巷外的阳光没能惠及这个角落，地面凉得像冰一样。我闭上眼睛，想起了李队刚才的话，他说，那俩都是痴人。

当时我只是点点头，算回应了他。

他们是痴，不但痴，而且还很蠢。

为什么他们连问也不问一句，我到底是怎么知道，又是什么时候知道，弥生不是万非的呢？我翻了个身，侧躺着，手指触摸地面。

我回想起当年万非倒地那一瞬的可笑模样。他就像我现在一般，蜷缩在地，佝偻着腰，用最后一点力气抽搐着，再也无法对人趾高气扬。

当年杀万非的人，是我。所以我才从看见弥生的第一眼起就如此心绪不宁，所以我要追查整件事情的来龙去脉，所以我要保证，一切可能威胁到我的人都死无葬身之地。

　　我被万非威胁得太久，禁锢在那个阴暗的地方太久，好不容易重新见到了阳光，我绝不可能轻易放弃。所以弥生和艾艾，怪只怪他们出现在我面前。

　　两年前，我把万非约出来，就在这条小巷里，我给了他，最后一笔钱。我告诉他，从此阳关路奈何桥，我与他之间两清了。

　　万非用蛇一样的眼神紧紧看着我，阴冷地一边笑着点钱，一边告诉我他不会放过我。我的胃里像灼起了一个个的气泡，正翻腾着。我知道他是认真的，他是一辆开往地府的破车，还要抓着人垫背陪葬，陪葬的人，有艾艾一个还不够。

　　我在他转身离开的时候迅速把刀子插进了他的肺部。他抽搐了好一阵子，然后就像一摊烂泥似的，躺在地上不动了。

　　我拿走了他身上的钱包，划破他的衣服，把这伪装成一起抢劫杀人案。当时月黑风高，小巷里没有别人。

　　我怎么也想不到，第二天，当我神清气爽地接到电话，过去查看现场时，会看到一个面目全非的万非。

　　我一直觉得，自己只是帮老天收了个恶人，却没想是在替另外两人做了嫁衣。

　　在万非一去不回的那个晚上，在我和万非争吵之前，艾艾要去药店买药，弥生不放心，跟在她身后。半路上，艾艾遇到了万非，万非要对艾艾动粗，弥生英雄救美，两人一同离开万非。而之后艾艾想要冷静，一个人去了药店，将弥生赶回家里，而此时我则在漆黑的小巷中把刀子送进了万非的身体。之后，艾艾买药回来，看到在院子里徘徊的弥生，她随即转到后巷，只见万非的尸体冰冷地躺在那里。她脑中一片空白，等她反应过来时，已经在万非身上扎了刀。而之后，弥生也阴差阳错地去了后巷，看见了万非的尸体，就用石头砸烂了万非的脸。

他们都以为是对方杀了万非，所以他们都故意留下了指证自己的证据。

虽然没能亲眼看见，但是不难从他们的言语中推测出这个奇葩的故事。

我不知道谁更傻一点，究竟是一直任由万非摆弄的我，是以为可以永远要挟我的万非，还是那两个痴人？

不过这一切已经不重要了。

我慢慢从地上爬起来，整理一下西装，轻轻往后摸了把头发。我抬头看着天，天上挂着一轮如水的月亮。

我相信从今晚开始，我终于可以睡个好觉了。

情人

爱是什么做的?为什么它那么脆弱,又那么坚硬?

洛特雷亚蒙

报案者

下午四点,米穗在唐诗伟的陪同下到队里报了案。这对青年出现第一秒起便在办公室里引起了一阵不小的动静。

米穗纤细白皙,唐诗伟高大俊俏,你很少会在荧幕之外的现实里看到这样漂亮又登对的情侣。

小刘一边给他们做着笔录,一边偷偷朝杨涛使着眼色,示意他多看一眼算一眼。

杨涛的目光从米穗的脸流转到她的手腕,她纤细的手腕上戴着一个青玉手镯。

精致而高雅的年轻人全身上下无论哪点都惹人喜欢,连戴在他们身上的饰品都仿佛升了一个价位。若不是米穗额上的那一块若有似无的淤青,他甚至会忘记他们是来报案的。

那块淤青是他们来报案的原因。米穗轻轻偎在唐诗伟的臂膀里,抬着头,略带焦愁地盯着杨涛。

杨涛认得他们。前段日子，电视上滚动报道着他们的事情。

二〇一〇年，还在读大学的米穗因事故而落水，因脑部受伤而陷入昏迷，至今已六年了。就在米穗的家人都几乎放弃的时候，唐诗伟在她昏迷的第二个年头找到了她，接着是不离不弃的五年守护。昏迷六年后，米穗奇迹般醒来，她的记忆停格于落水之前，对于那天发生的事也只记得一些模糊的片段。据她描述，那天她不知为什么到了城西的护城河边，阳光灼然，她被人从身后袭击，摔进了河里。唯一记得的是金色的阳光以及透过阳光朝她伸来的双手。可惜的是，她对其他事情一无所知。警方在这六年中竭尽全力，排查了所有嫌疑人，包括米穗的追求者们。唯一一个被列为重点怀疑对象的，是曾经追求米穗不成，还威胁过她的柯泽鹏。可自从这事发生后，柯泽鹏消失不见了。警方将他列为重点嫌疑对象进行搜查，却一直没有结果。目击者们的证词片面且带有强烈的主观意识，至今也只知道，事发之前米穗曾怀疑有人跟踪她。警方连施害者的模糊描述也没有。为了避免被再次伤害，米穗全家换了住址，隐姓埋名地重新开始新生活。

在米穗醒过来的第一秒，她看见的人就是唐诗伟。上天为这场世纪爱情画上了个完美的句号。

媒体蜂拥而至，因为现代社会尔虞我诈，极少能听到这样动人又圆满的故事，他们的故事理所应当地霸据了热搜榜的第一名。

再然后？

杨涛瞥见米穗一边紧张地拨弄着手指，一边抬头看着唐诗伟，仿佛征询着对方的同意。直到唐诗伟点头，她才用一种轻缓的语调向警察们描述了事情的经过。

醒来后的米穗接到大量媒体的采访请求，唐诗伟为她挡住了绝大多数，然而还是有人通过某些非常规渠道拍到了她的康复照片，以至于泄露了她目前居住的地方。两个礼拜前,米穗出院了。为了重新融入社会,米穗坚持从父母家搬了出来,住进了唐诗伟的房子里。

出院那天,等在门口的记者很多,她躲在唐诗伟的怀里,蒙着头。从衣服的缝隙中,她看见一个穿着黑衣服戴着鸭舌帽的男人站在街口久久地凝视着她。两人四目相交的那刻,那人猛地转身,拐进了一边的小巷里。

起初她并没有过多在意,可怪事接二连三地发生了。

说到这儿,米穗紧张地咽了口口水,抿紧了唇。唐诗伟接过话头,他的声音里除了愤怒,还有一股掩藏不住的恐惧。

米穗放在家门口的植物被人用开水烫死了。那盆风信子是唐诗伟买给她的,才刚发芽儿,嫩绿嫩绿地站在花盆里。一夜后再看,才开出来的嫩芽被烫成了焦黄色,零落地散在土里。

再然后,米穗出了一趟门,回家后发现钥匙不见了。她的钥匙放在包的最底层,还用钱包压着。路上她坐公交车的时候,有个男人始终贴着她站着。那人没有偷钱包,却偷走了她的钥匙。

再然后,米穗在她的抽屉里发现了一支口红,橘红色的,已经用了三分之一。自从出院后,她从未买过化妆品。那人偷了她的钥匙,进家给她送了一支用过的口红,又悄无声息地出去,没有惊动家里的任何人、任何动物,包括那只警觉的退役警犬。

米穗觉得害怕极了。本来面试好的一个工作也被她直接推掉了。她待在家里,不敢出门。就这样,在安静了一个礼拜,米穗觉得没什么问题的时候,她出门回来时再次遇上了那个黑衣的男人。

他静静地等在米穗和唐诗伟家门前的小巷口,双手揣在口袋里,双眸从帽檐下直勾勾地看着她。

那天唐诗伟没有陪在米穗身边,等米穗发现那男人时,已经来不及了。

米穗直觉危险，转头就跑，没想到男人竟追了上来，米穗的心被恐惧占据了，她越跑越快，甚至听见膝盖骨在作响。

男人喊了她的名字，他的声音沙哑，他要米穗站住。

他的喘息回荡在小巷里，每一下都好像砸在米穗心上。

米穗怕极了。她跌跌撞撞从小巷里冲了出来，一头扎进来接她的唐诗伟怀里。

她的额头碰到了唐诗伟戴着的项链。

她慌张地告诉唐诗伟，身后有人跟着她。唐诗伟探头去看，只见着一个模糊的身影，逐渐消失在巷道的尽头。

米穗想来报案。唐诗伟本想私下解决，可耐不住米穗的央求，这才带着她一起出了门，来到杨涛队里。

说罢，米穗摸出那截口红，递给小刘。杨涛发现，她看着口红就如同看着一条毒蛇，很惊惧。

米穗

从警局回家后，米穗一直睡不着觉。唐诗伟躺在她身边，他的呼吸声很弱，稍不注意甚至听不清，非得她趴过去，把耳朵贴在他的鼻子上才能听清。她想了很多，不只想那个六年前害她的男人和唐诗伟，还想她自己。

她的脑子里一片混沌。醒来时，她说谎只是为了快些逃离那个全白的病房。事实上，她不仅不记得那个跟踪他们的家伙，她也不记得唐诗伟。唯一在她脑子里有印象的，是"唐诗伟"这三个字，可她无法将这个名字和眼前的人对上。

醒来时，唐诗伟趴在她的床边，睡得很安稳。她伸手摸了摸他的头发，唐诗伟一下惊起，目光先是迷茫，紧接着一下子又亮了，一种复杂的情绪瞬间填满他英俊的双眸。

很快地，唐诗伟叫来医护人员，七七八八围了一圈，给她做着检查。

米穗的目光穿过人群，费力地看向唐诗伟。那人的相貌犹如画中人一般俊美。她的脑子里出现一个模糊的场景——这些年它一直萦绕在她的梦中。

她记得一片阳光金黄灿烂地悬在头顶上，她浸在水中，透过清澈的水波，看见一个人弯着腰，冲她焦急地伸出双手，要将她从水中拉出来。

她觉得那人就是唐诗伟，而唐诗伟就该是眼前这人的模样。

她不知道梦的真伪，所以她没告诉任何人，可她不由自主地想靠近唐诗伟，她觉得自己的身体是最诚实的，此时它这样深深地依赖着唐诗伟。

之后的复健一直都是唐诗伟陪着她做的，从开口说话，到缓慢地起身行走。唐诗伟请了长假，和她寸步不离：白天陪她说话，晚上就睡在她的床边。

唐诗伟拉着她的手说："米穗，我真怕这是个梦，一眨眼，你又走了。我要守着你，不叫任何人把你带走。"他又说："米穗，我有很多很多的钱，可以养你一辈子。如果我死了，它们都是你的，房子、车子，都是你的，但你要是我的。"

他说着说着，眼睛就湿润了，水雾挂在他的睫毛上，一眨一眨的。

米穗说不出话来。她连自己都觉得陌生，她只能被动地接受这份爱,却不知道爱情是什么。

她不记得的事情,唐诗伟就一遍遍告诉她。米穗心中这份隐藏的愧疚感,在唐诗伟给她说他们的过往时变得尤其沉重。

一个人如果连自己都不记得了,那她还是过去那个人吗?科学家们认为,人体所有的细胞全更换一次需要七年。也就是说,七年之后,你就是一个重新再生的人,你的一切细胞都是新的。

米穗更紧地抱住了唐诗伟的腰。她的动作大了些,唐诗伟狠狠地喘了口气,那气息喷进她的耳朵里,热乎乎的,带着潮意,让她打了个激灵。

她的心因此安定了许多:她还活着,唐诗伟也还活着。她在唐诗伟的眼皮上亲了一口,又闭上了眼睛。

梦里,她又看到了那片水和金色的太阳,觉得全身暖烘烘的,梦中的唐诗伟透过水面,微笑着伸手拉住她。

接着他开了口,他的唇很不自然,是一种华丽的深红色。

米穗费力地去听他在说什么,半晌,她听清了,忽然全身一个激灵。

唐诗伟说:"米穗,你喜欢我给你的口红吗?"

说完,他脸上的皮一块一块地燃烧起来,整张脸很快没了形状。

米穗猛地被自己的尖叫声惊醒,大汗淋漓,全身颤抖。夜未央,她的心脏如被人用拳重击,她倏然回头,只见唐诗伟砸吧一下嘴,没醒,翻了个身。

她紧紧地盯着唐诗伟的背影,心脏紧缩着,太阳穴突突跳着疼,指尖如遭针刺。她的目光上移,墙上的钟显示现在是凌晨两点半。

米穗哆嗦着,伸出手,探了探唐诗伟的鼻息。

唐诗伟猛地抓住她的手腕,他问了句:"谁?"

米穗一愣，下意识说了声："是我。"

唐诗伟迷迷糊糊地看着她，过了会儿，回过神来，他的声音温柔，伸出手臂，将米穗搂进怀里。

"乖，你怎么还不睡？睡不着吗？"

米穗窝在他的怀里，听着他还未完全平息的心跳，微微地摇摇头。她的脑子里忽然蹦出一个问题：刚才她那么大的动静，唐诗伟都没醒，为什么偏偏这时候就醒了呢？

他也害怕吗？他害怕的是谁？是那个跟踪她的神秘男人，还是她自己呢？

半截口红

米穗和唐诗伟离开后，杨涛回到自己的办公室里，重新调出当年的档案记录看起来。

米穗是大学里人气最旺的女孩之一，追求者无数。她和校草唐诗伟郎才女貌，一样的相貌出众，一样的家境殷实，他们从大一起就在一起了。谁料，毕业前夕，城西发生一起车祸，车还起火了，而米穗则被人发现在岸边，因溺水而奄奄一息。据调查，那辆车是登记在米穗名下的。

除了米穗外，破案人员并没有发现现场有第二者的痕迹。他们百思不得其解，为什么米穗的车会被烧成骨架？而米穗又为什么会独自到了河边，被人推落水中？最后，她又是怎样从河里爬出来的呢？

杨涛从尘封的卷宗里找不到任何头绪，只是心头一直有某种怪异的感觉。末了，他只能合上那些旧年记录，往后一仰，捏着那半管口红看。

托有化妆品收集癖的老婆的福，他大概也知道这口红是香奈儿豆沙色，市面上应该已经绝迹了。膏体已经干了，当年的调查报告里没有提过这管口红。

杨涛叹了口气，目前只能走一步看一步，这两人目前站在舆论的风口浪尖上，调查稍有差池，整个警队的声誉都得赔进去。杨涛头疼得厉害，给小刘打了个电话，分配了一下监视的任务，收拾东西回了家。

老婆早已做好了饭菜，它们现在还有余温。

杨涛心不在焉地扒拉着饭菜，他始终觉得那口红大有文章。是威胁，是警告，还是别的什么？它传递了什么信息呢？

想着想着，杨涛又将口红旋出，对着灯光看着。就在这时候，老婆忽然凑过头来，惊讶地呼了声。

"这哪里来的？"

"怎么？"

老婆瞪大眼睛，摇摇头。

"限量版中的限量。当年我跑遍了所有专柜都没买到，这是要订购的。"她啧啧两下，不顾杨涛的阻止，一把将口红拿过去仔细看着，"这东西不但价格贵，而且还得提前排队预订，等他们从总部调货，可麻烦了。唉？"

说着，老婆似乎发现了什么，拧起了眉头，对着灯光照了又照，嘟囔起来。

"这谁啊？好不容易买到这么好的口红，居然不用，就这么浪费……"

老婆的话没逃过杨涛的耳朵，他一下来了精神，将口红取过来。

"订的话,是不是得用真名?还有你为什么说它没被用过?"

老婆轻轻笑了下,一边收拾碗筷,一边开腔:"当然得用真名啦,身份证、姓名,还有以往的香奈儿消费记录,一样不能少。你看,"她凑过头来,点了点膏体前段,"这儿,如果是人擦过,这儿会有油脂印,但是这个切面是被人用刀子切的,多平整。不知道谁那么浪费?不用不如给我……"

她啰啰嗦嗦地边说边进了厨房。这下杨涛终于有了头绪,他赶紧将口红的色号抄下来,拨通鉴证科的电话,吩咐对方查办。

而就在他刚刚放下电话的那一秒,唐诗伟的电话打了过来。杨涛刚一接起,就听那头传来颤抖的声音。

"同志,我们家的狗被毒死了——"

杨涛警觉起来。他见过唐诗伟家的狗,那是一条退役的警犬,体格健壮,浑身毛发油亮,见着生人会不动声色地靠近,十分聪明。这样的狗从不会乱吃东西,然而现在它却被毒死了。

几天前,它也没能守住家门,几次三番地让那个奇怪的家伙潜进了唐诗伟的房子,烫死了他们的风信子,留下了这管口红……

"我们这两天出去住,避一下风头。警官,麻烦你们负责一点,不要只是嘴上说得好听,却把我们公民的生命当成儿戏!"

唐诗伟满腹抱怨,他不给杨涛申辩的机会,兀自挂上了电话。杨涛愣了片刻,赶紧给小刘打了过去。

"怎么回事?"

杨涛话音未落,就听小刘那头是一阵喧哗叫嚷。小刘抽空在喧闹中冲杨涛开口:

"头儿,我拦不住啊,他们非要搬家!"

话音未落,唐诗伟的声音飘进了杨涛的耳朵里。

"你们闪开,狗都被毒死了,离死人还远吗?"

"唐先生,您冷静点,我们警方一直守在您的门外——"

"你们守?那你给我解释下我家的狗是谁弄死的?有人进来下毒了又出去,你们都守不住,要你们有什么用?给我闪开!"

在他凶狠的叫嚣中,杨涛没有听见米穗有一丝半点的动静。他捏着电话,仿佛能够看见那头的米穗:她缩着肩,躲在唐诗伟的怀里,低着脸,显得安静而脆弱。

杨涛冲那头的小刘开口。

"你让他们走,你跟着,看清楚住的地方,马上通知我。"

小刘仿佛愣了下,"嗯"了声,挂线。杨涛放下手机,回到书房,将口红放在书桌正中间。

神秘的跟踪者究竟是谁?他为什么能够这样神不知鬼不觉地进入一个房间,杀死它们,再悄无声息地离开呢?

唐诗伟

从那小子出现的第一秒起,唐诗伟就知道自己的噩梦成真了。尽管对方戴着帽子和口罩,全身包裹得严严实实的,唐诗伟还是从他的眼神一下就认出了他。

那种困扰了他整整六年的噩梦终于如恶魔一般降临到了身边。

现在,他坐在一个陌生的房间里,搂着米穗瑟瑟发抖的肩,说着安慰的话。整个世界安静得只有他自己的声音。墙上的两个人影似乎始终无法融成一个,他觉得自己孤立无援,米穗无法给他任何回应,她只是颤抖着,蜷缩着,仿佛随时就要消失不见。只有唐诗伟自己知道自己的内心是多么的孤独和惊惧,也只有唐诗伟清楚,对方那骇人的杀意究竟是冲谁而来的。

是的,那天唐诗伟看清了跟踪者的相貌,就在那家伙在小巷里追着米穗时,他远远地瞥见了那家伙的脸。

而那一眼足以让他陷入无边的怯懦中。

他撒下了弥天大谎,现在是时候该被谎言反噬了。

在米穗醒过来的那天,在她纤细的手指擦过自己头发的那瞬,即使在睡梦中,唐诗伟依然感受到了。唐诗伟猛地睁开眼,盯着米穗。

当时一种混合着焦虑与惊恐的情绪席卷了他的全身。他花了一年时间改变自己,寻找线索,好容易才找到了米穗,他宁愿米穗像这样一直睡下去,这样她才一直是他的。而现在米穗醒了,她会干什么呢?她会报警、尖叫,还是用手掐住自己的脖子呢?唐诗伟的手指不由自主地动了动,他盯着米穗,等待她说点什么。

米穗顿了许久,开口的第一句话是:"你是谁?"

她的眼眸一如既往的清澈,她没有说谎。

她不记得自己了!

唐诗伟一愣,忽然一阵狂喜席卷了全身。他几乎尖叫起来,他冲上前死死地抱住米穗,把她的脑袋压在自己的怀里。米穗安静地被他拥在怀里。他用不受控制的颤音开口。

"我是唐诗伟,我是唐诗伟,我是你的男朋友,我等了你五年了,米穗。"

米穗的身体忽然颤了下,接着唐诗伟的心口一热,原来米穗流泪了。她抬起头来,当时说话就像才刚学会说话的小孩一样。

"唐诗伟,我记得了。你救了我,你从水里,救了我。"

那话如惊雷般炸响,令他瞬间从刚才的天堂堕入了无边地狱。

那家伙没死!

不知不觉，他的指甲掐进了手心里。

此后，他撺掇米穗从自己家里搬了出来，还好这么多年他做足了准备，周围从未有人怀疑过他，米穗醒后也全心全意地信任他。就在唐诗伟为两人安顿好了一切，以为从此可以安然生活时，家门口的花被烫死了；半管口红出现了，它如同死神的信一般出现在他们的新家里。米穗被吓得不轻，可更害怕的其实是唐诗伟。

米穗的恐惧来自于未知，而唐诗伟的恐惧则来自于无所不知。

都怪那些可恶的媒体，他们的一切信息都被暴露了。那家伙一定是在看了新闻后，找到了他们家。他不但没有在那场大火里死去，还变成了一个隐形人。他在光天化日之下潜入他们的房子，没有惊动任何人，也躲过那只机敏的狗，用开水烫死了他们的花，留下了那管口红。现在，他又杀了他们的狗。

唐诗伟进家时已故意放缓了脚步，害怕惊动还在休息的米穗。往常时候，他们的狗早就在闻到他气息的第一秒冲到门口，对他摇头摆尾了，可今天一切都静悄悄的，没有狗。

唐诗伟开始只觉得奇怪，直到他进了卧室，看清眼前的一切时，这才一下瘫坐在地上。

那场面实在太过诡谲了。

米穗穿着那身她最喜爱的粉色睡衣躺在床榻上。棕褐色的长发柔软地摊在枕头上，她枕着自己一只胳膊，睡得十分安稳。

衣物整齐地放在一边的椅子上。天色已晚，月光透过窗户均匀地洒在地上、床上和米穗的胳膊上、脸上。

若没有地上的狗，这一切就太美了。

那狗瞪着双眼，后腿还在轻微抽动着，它的嘴边流着口水，眼眶里还有泪水。似乎知道唐诗伟回来了，它费力地呜咽了声，黑眼球下移，从一个极其怪异的角度费力地看着他。

很快,它就不动了。

它的面前摆着食盆,里面的食物只吃了一半。

一阵微风吹过,唐诗伟瞬间清醒。他猛地两步跨到窗边,只见窗帘微起,玻璃大开。

整个小区静悄悄的,像死了一样。

唐诗伟忽然想起,他走前专门关了窗户。自从发现被跟踪后,米穗养成了紧锁门窗的习惯,所以窗户绝不会是她开的。

唐诗伟探头往下看,他们家住在六楼,墙壁上没有任何可以利用来攀爬的东西,楼下没有任何异样。窗户为什么会开着?那人是怎么进来的?

唐诗伟忽然怕得无法动弹。他害怕自己一转头,会看见头顶上方的墙壁上,像蝙蝠般贴着一个东西,那东西有极长的舌头,突兀的双眼,钩子一样的双手,扭曲的身体……

就在这时,一双手搭上他的肩,米穗的声音幽幽地响起。

"你在干什么?"

唐诗伟猛地一个激灵,大叫一声,坐在地上。米穗惊讶地看着他,接着她转头,看见了地上的狗。

半晌后,她忽然发出一串尖叫。唐诗伟在她持续不断的尖叫声中将她紧紧地搂进怀里。

"怎么回事?他到底要干什么?他怎么进来的?他怎么……"

米穗的声音里带着哭腔,她柔弱的身体不停哆嗦着,几乎无法控制。唐诗伟咬紧牙,过了许久,开口。

"乖,我们搬家吧。"

"如果他再找到我们呢?"

"我们就再走。"

米穗埋下脸,半晌后摇摇头。

"我们难道能躲一辈子？一辈子都要害怕着这个人？这次是狗，下次呢？下次会是谁？"

面对她亮晶晶的眼睛和质问，唐诗伟的心头乌云笼罩。是啊，下一步，他还要干什么？是威慑，还是警告？

他是怎么做到的？

他还是活人吗？

唐诗伟猛地用力搂紧米穗。米穗吃痛，轻轻哼了声，抬起眼看着他。她的眸子如此清澈明亮，她的声音温柔可人，而她说出来的话却叫人不寒而栗。

"其实你说，他到底是什么？"

唐诗伟打了个哆嗦。米穗没问他是什么人？米穗问的，他是什么东西？

"亲爱的，如果他再出现，你就杀死他。"米穗又开了口，她的声音凉凉的，带着一丝甜味，"你能为了我们杀了他吗？"

唐诗伟一惊，低头看着她，她的目光坚毅。她要自己为了两人长久的幸福杀了这个怪物。是啊，如果杀人是犯法的，那么杀死一个东西呢？是犯法吗？这个念头刚一兴起，寒意随之而至。

之前米穗想报警时，唐诗伟是百般阻挠，他害怕警局，害怕进了那里过往的一切说不定都会暴露在光天化日之下，而他苦心经营的一切也将化为泡影。

然而米穗竟然没有听他的话，自己来到了警局门口，等他要阻止时，她已经进去了。

从此之后，唐诗伟一直忐忑不安地生活在巨大的阴影下。他害怕可恶的手会突然出现，抓住他的脚踝，把他拖进早该下的地狱里。

入夜后，唐诗伟搂着米穗的肩膀坐在无边的黑暗里。他隐藏在黑暗里看着米穗，女人的呼吸轻飘飘的，就像随时要断一样。

他无法入眠，狗死时的惨状还深刻地印在他的脑海里。只要一闭眼，狗的脸就会换成他自己的。想着想着，他的脑子里忽然浮出恐怖的问题：为什么那时米穗一直没有醒呢？这个已经失忆的米穗到底是谁？

唐诗伟的胃里陡然翻滚起来。他猛地起身，盯着身边的这个女人。她睡觉的时候，蜷着身子，侧向一边，这是一种既防御他人又保护自己的姿势。这是婴儿在母亲子宫里时的姿势。唐诗伟忍不住伸手，就在他的手指将要触到米穗的前一秒，米穗忽然睁开了眼睛，盯着他。他一惊，忍不住浑身一个哆嗦，周身泛起了一层薄薄的凉意。而米穗盯着他看了半晌后开口说话，她的声音异常沙哑。

"亲爱的，你怎么还不睡？"

小刘

自从跟踪了唐诗伟和米穗后，小刘总感到有些困惑，最困扰他的就是那个总是神出鬼没的人。

小刘闹不明白的是，他是怎么避开所有人的监视，甚至是狗的鼻子，到房间里下毒的呢？

小刘是个无神论者，他从不相信所谓的"灵异事件"。那些一定可以用科学来解释清楚，若科学无法解释，那一定是因为我们的科学还未进步到能够解释的程度而已。

所以在唐诗伟带着米穗报案后，为了消除心头萦绕不去的怪异感，他主动请缨监视，并用本子详细地记录这两人的起居习惯。刚开始时，他只觉得唐诗伟很奇怪。

毫无理由地，他就是看不惯唐诗伟的长相。他不是嫉妒这样的英俊，而是觉得这种英俊看起来十分可怕。

他风雨无阻地监视着这二人。

每天早上八点，唐诗伟会出门上班，米穗会站在门口为他送别。九点唐诗伟到公司，直到下午六点回来，米穗就站在门口迎接他。

在唐诗伟上班期间，米穗只会出门一次，到家附近的超市购买生活必需品，耗时大概半个小时到一个小时，其余的二十三个小时她就一个人待在家里，生活单调到近乎无趣。

小刘发现，风波之后，米穗很快平静下来，她仿佛正用全力想让生活回到正轨上。

然而这样的努力在小刘看来是非常怪异的。什么人能在生命时刻受到威胁时还这样镇定自如地生活呢？

小刘清楚地记得，那天他在唐诗伟家楼下待了一整天，除了花了十分钟买了个汉堡外，他没有离开过。

然而在唐诗伟回来后不久，他的窗户猛地开了。唐诗伟探头出来慌慌张张地四处张望，他很僵硬，每一个动作都透露出无限的惊惶。小刘心中一沉，直觉出了事。他取出高精度望远镜，看见唐诗伟面如死灰，身后有人影一闪而过。

小刘猛地想起，这一整天那扇窗户都是紧紧关着的。是什么时候、什么人过去打开它的呢？小刘来不及报告上级，开了车门往楼上奔去。

没有任何人进他们的家门，然而唐诗伟的狗却被毒死了。

小刘的额上沁出星星点点的汗水。唐诗伟坐在地上，搂着瑟瑟发抖的米穗。

小刘认真地盯着他们，就在这时唐诗伟忽然冲他吼起来，说要搬家。

小刘的目光从唐诗伟身上下移,顺着米穗光滑的手臂,落在她隐藏在阴影中的脸庞上。

难道会是她?

难道这个女人一直站在窗边,透过密闭的窗帘,紧紧地注视着楼下自己的动向,按捺着等待机会,趁自己离开的时候,她掏出毒物,喂给那条忠心的狗,然后开了窗户,回到床上,在狗痛苦的呜咽声中安然入睡?

这一切都发生在自己离开买汉堡的十分钟内?

小刘的脊背倏地发凉,这样的耐力太可怕,也太无法捉摸了。他突然有些不敢和米穗对视,赶忙移开了目光。

在杨涛同意唐诗伟搬家后,小刘也跟着换了监视地点。

新的住址和之前的相距不远,但人气很旺,人员组成复杂,门口还有一条狭长的巷道。而最奇怪的是,他们的新房间位于最危险的一楼。小刘就藏身在巷道的转弯口,保证没人会注意到他,连米穗也发现不了他。

他对米穗的感觉太不好了,甚至超过了对唐诗伟的反感。

他没有把自己的直觉报告给杨涛,因为太不严谨了,杨涛似乎也正在拜托队里的同事调查那二人的过去。

他知道杨涛也有同感。

然而就在杨涛将自己的调查报告和他分享之前,唐诗伟家再次出事了。

那个神秘的跟踪者出现了。

当时小刘正和往常一样,蹲守在巷道的转弯处。米穗照例出门,穿过那条巷道,去超市买菜。

那家超市就是之前她常去的那一家。这也很奇怪,既然是为了避开跟踪者而换住处,那为什么还要住在原址附近呢?

米穗一个人出门,可今天花的时间是往常的两倍,她回来时,身边跟着唐诗伟。

两人说说笑笑地朝前走着,走到巷道的尽头,忽然窜出来一个黑衣青年。

小刘早已注意到了这个青年,他半个小时前出现,一直蹲守在这里,其间抽了两三根烟,很用力地把烟吸进肺里,再缓慢地吐出来。

他戴着帽子和口罩,将整个人隐藏在阴影里。

当唐诗伟和米穗走近时,这人突然快步冲了上去……

他

他躺在那间破旧的房子里,盯着天花板上的蜘蛛网,将牙咬得"咯咯"发响。

六年了,这样过着猪狗不如的生活已经六年了。他人不人鬼不鬼,甚至连自己是谁都快忘了,记忆中最清晰的只有两张脸,一张笑靥如花,一张有如蛇蝎。

他闭上眼,恍惚还可闻到当年学校的青草地,听到女孩儿俯身在他耳边的轻笑。

六年前他失去的一切,六年后居然能被他找回来。

报纸上报道了她好起来的消息,起初他只想远远地看她一眼,但没想,透过层层人群看到她时,回忆如潮水般向他涌来。他还看见了女孩身边另一张熟悉的脸,那张脸叫他全身汗毛直立,恶心得差点吐起来。

起初他只是想逃,谁知会在街角撞上她。

她没有被他的样貌吓着,只是愣愣地盯着他看了会儿。他心里恶意陡升,忽然摸出刀子对着她。

她先被吓了一跳,可过了片刻,她又平静下来。接着,她唤出了多年前他的名字。

"唐诗伟。"

她竟还记得。他将刀收起,跌跌撞撞地落荒而逃,一直逃回这个垃圾屋,把自己蒙在腥臭的被褥里面。

太羞耻了,太可怕了,太复杂了。

人究竟为什么要活着?

他辗转反侧,脑子里逐渐有了一个可怕的臆测。若当年的事情真是如此……

他不敢深究下去了。

可就在这时,传来一阵敲门声。他猛地起身,那声音顿滞片刻后,又重新响起来。

一下紧接着一下,仿佛是敲门人在死命地催他开门。他咽了口口水,喉咙干得发疼。他偷偷过去,压着声音问了句:"谁啊?"接着开了门。

阳光瞬间倾满一室,有人走进来,四周看了看,接着把目光停留在他脸上仿佛一个世纪那么久,最后开了口:

"好久不见。"

杨涛

他已经在这行干了十年了,尽管兢兢业业,却一直没有升迁,因为他没有背景,亦无大功。

作为一个警察,又有多少机会真的经历枪林弹雨呢?

杨涛的心里对工作早已生出了几分厌倦。

当这个案件出现时,杨涛却一刻也没有闲下来。因为机遇太难得,千载难逢,此案犹如双刃刀锋,办好了是前途无量,办不好就是前途无亮,其中的利害关系他心里太明白了。

杨涛是个聪明人。他从小刘的汇报和自己掌握的情报中,逐渐形成了一个模糊的推论。为了证实推论,他避开所有同事,请一个做侦探的朋友悄悄在全省范围内调查了各个医院的就医记录。

今晚,调查结果就要出来了。

杨涛用笔在纸上慢慢画出一张线索关系图。

唐诗伟、米穗、被烫死的花、口红、多年前的悬案、被毒杀的狗、神秘人……

末了,他在纸上画下一个巨大的问号。

还差一块拼图。杨涛拨通了鉴证科的电话,一边说着,一边又摸出那支口红看着,这在最近一段时间里已成了他的习惯动作。

就在挂了鉴证科电话的同时,小刘火急火燎地打来了电话,他的声音里有无法抑制的愤怒。

"杨老大,这真是无法无天了。我才到米穗她门口,老远就瞅见一个小子鬼鬼祟祟地躲在那儿。开始我还不敢确定是不是我们要逮的跟踪者,结果没两分钟,米穗跟唐诗伟从另一条道上过来,那小子埋着头就冲上前去。我赶紧下车吼了一嗓子,他这才赶紧扭头就跑。我追了三条街都没追上,这兔崽子——"

"那小子长什么样?"

"老实说——我没看清,他戴着口罩,不过脸上肯定有伤,我看见他眼睛周围的皮肤不大对劲。"

"那米穗跟唐诗伟当时怎么走的?"

杨涛打断他的咒骂,沉着声问了一句。小刘一顿,有些摸不着头脑,愣愣地开口。

"米穗走在前面,唐诗伟跟在她后面。那家伙在米穗跟前停下来,隔得太远,我没听见他们说什么——"

杨涛长长地呼了口气出来,一个可怕的结论逐渐浮现在他的脑子里。

"你赶紧掉头回去,守着那俩。我马上开车过来。"

"不追了?"

"追个屁,现在最危险的人是米穗!"

情侣

今晚那人又出现了。他的手里拿着刀子,直直地冲他们过来。他冲到了米穗面前,用一种厌恶的眼神越过米穗瞪着唐诗伟。

米穗颤抖着站在他们之间,对那人说了声:"你想干什么?"那人顿了顿,在警察出现时扭头逃走了。

唐诗伟呆立着。他方才从那人的神情中看到了誓死报仇的决心。

那家伙不想活了,要把自己也一起拽进无边的地狱里去。

唐诗伟怔怔地坐在沙发上,咬着手指。姓刘的警察没有去追那家伙,而是掉头回来,跟着他们到了家里,满眼都是对他们的猜疑。

唐诗伟不知道警方目前掌握了多少。

米穗坐在他身边,将自己蜷成团,头埋在胳膊弯里。虽然刚才她保护了自己,可即便如此,他内心依旧充满了对米穗的怀疑,无限的怀疑,还有无限的渴望。

他悄悄靠近米穗,低声叫她的名字。他的动作被小刘看在眼里,那人挑了挑眉。米穗抬眼看着他,她的神色异常平静。

"你看清他了吗?"

米穗的声音低极了,仿佛还在喉咙深处。唐诗伟点点头。米穗盯着他半晌,忽然吐出一句话:

"我也看清了,看得非常清楚。"

唐诗伟一惊,米穗的下一句话如塞壬的歌声般传入他的耳中。

"现在的问题是,就算看清楚了,我还是想和你在一起。你呢?还想和我一起吗?"

唐诗伟狠狠震了下,他听懂了米穗的意思。小刘敏锐地观察着他们。米穗再次埋下了脑袋,不知在想些什么。

俱伤

从杨涛家到唐诗伟家一共花了一个小时二十三分,几乎横穿了半个城市。

万家灯火在车窗外闪烁着,却丝毫不能带给杨涛一些温暖。全身的温度随着思路的愈发清晰一度一度往下掉着，他如坠冰窟。

而事件的最后一块拼图在他停车的时候因接到鉴证科的电话而出现了。

那头的人告诉他，当年的口红是唐诗伟买来送给米穗的，到货的时间正好是米穗的生日。那是一管未能送出去的口红，是米穗最喜欢的颜色，现在最终还是被送到了米穗手里。

当年的店员——现在的店长还记得，当时唐诗伟由另一个男孩儿陪着一起到店里取走了口红，他们说这是求婚礼物的一部分。

记忆力惊人的店员甚至从同学通讯簿上指认出了那个男孩。他就是被警方列为重点怀疑对象而消失不见的那个柯泽鹏。

案件渐渐清晰起来了，而一直困扰杨涛的跟踪者的目标也逐渐浮出了水面。自米穗醒来后，那个一直徘徊在她家门口的跟踪者，其实是唐诗伟！

但是可能吗？

这样的事情，这样的动机，是可能的吗？是能够做得到的吗？

他不知道。

那管口红在他的怀里灼灼发烫，杨涛决定赌一把。他静静地抽了支烟，打了个电话给队里，整理思路后，敲开了唐诗伟的家门。

来开门的是小刘，屋里灯火通明。

米穗蜷在沙发上。唐诗伟搂着她，看他们的目光中带着一种奇怪的敌意。是的，就是这目光太奇怪了，受害者不应该这样看着警察，而唐诗伟从第一次见面起就防备着他们。

而且没有人会天生长成他这样。那张脸太精致了，太精细了，所有的比例仿佛都是计算好的。

杨涛甚至觉得那张脸像是一张恐怖的面具，他不知道隐藏在面具后的到底是一副怎样的嘴脸。

杨涛清清嗓子，尽量压低了音量，看着米穗开了口：

"米穗，你受惊了。我们的人以后会二十四小时保护你。但是你必须相信我，你相信我吗？"

米穗迟疑地听着，也不抬脸，过了会儿，她轻轻点了点头。杨涛敏锐地看见唐诗伟搂在米穗肩头的那只手紧张地缩了下。

"米穗，你认识他吗？"

杨涛从手机里调出柯泽鹏的照片，放在他们两人跟前。米穗瞄了眼，摇摇头，又把脸转开。而杨涛没有错过唐诗伟的任何表情。

就在米穗摇头的瞬间，他发现唐诗伟的神色黯淡了下。

"你呢？认识吗？"

杨涛转向唐诗伟发问，见唐诗伟摇头，杨涛的心狂跳起来。

"可为什么香奈儿店的店长告诉我，这管口红，是你和他一起去买的？"

说罢，杨涛将口红掏出放在了桌面上。唐诗伟一顿，扭过头去，漠然地开口：

"我不记得了。"

杨涛抑制住内心的波涛汹涌，他转向米穗。

"你还记得出事时的情形吗？"

米穗的身子缩了缩，唐诗伟开了口。

"你干什么？她已经说了很多次了，她根本不想再回忆一次。"

杨涛没理他，用一种恳求的语气对着米穗开口。

"你再想想，就算帮你自己，你相信我。"杨涛一顿，拉过一边的小刘，"你说，我们演，我们来试一次，请你一定要相信我，尽量把每一个细节都说出来。"

米穗紧紧抿着嘴唇，半晌，就在唐诗伟再次试图阻拦时，她轻轻地点了点头。

"好，我试试。那是一个——阳光灿烂的日子。"

杨涛就把身边立灯的光调到最亮。

"我躺在水里，周围很安静，我就这么平躺着。"她微微闭上了眼，她的眼球快速地转动着，陷入回忆中，"一双手冲我伸过来，很大，很温柔，似乎带着阳光。那双手轻轻地——轻轻地探向我——他在拽我——"

"是这样吗？"

杨涛的声音响起。米穗睁开眼，忽然发出一声惊呼。杨涛对着她开口，眼睛却一直紧紧地盯着唐诗伟。

他和小刘严格地照着米穗的描述进行动作：小刘平躺在沙发上，杨涛跪着，他的脸逆于强光中，隐藏在阴影里，他的手放在小刘的脖子上。

他的动作只有一种解读：他要掐死小刘。

杨涛的目光从唐诗伟的脸上回落至米穗哆嗦着的苍白嘴唇上，他低沉地重新问了一次。

"米穗，是这样的吗？在你的记忆里，那个人，是这样对你的吗？"

米穗猛地一声惊呼，捂住了耳朵，拼命摇着头，慢慢退到了窗边。唐诗伟上前，站在杨涛和米穗之间，对二人怒目而视。

"你们想干什么？"

"我想干什么不重要。重要的是，你想干什么？柯泽鹏！"

唐诗伟猛地一顿，双手握拳，不由自主地哆嗦起来。

"接到这起案子后，我一直在想，爱是什么？人需不需要爱？爱是疯狂的，还是愚蠢的？你呢？柯泽鹏，在消失的那一年里，你所做的就是去换了张脸。你变成唐诗伟，回到她身边，回到这个你企图杀死的女孩身边。"

杨涛紧紧地盯着"唐诗伟"的眼睛，他说一句，"唐诗伟"就退后一步，一直退到了窗边，直到背几乎抵住了米穗，后者只露出小半张脸。

小刘这才反应过来，一手按在枪托上，不可思议地看着这一切。

"当年的柯泽鹏深爱米穗，可米穗已经有了唐诗伟。你求爱不得，只能以朋友的身份待在两人身边。你陪着唐诗伟买那管口红，知道了唐诗伟的求婚计划。你怒火攻心，破坏了米穗车辆的油箱和刹车。在车祸发生后，你后悔了，又从车里把米穗救了出来。她还是不答应你的求爱，你索性想将她溺死在水里。然而你没有想到，在起火车辆里的唐诗伟拼命逃了出来，又把米穗从水里救了出来。唐诗伟毁了容，远避他乡；米穗进了医院；而你，整成唐诗伟的样子，回到她的身边。"

"你够了！"

柯泽鹏猛地止住杨涛的话。他气喘吁吁，大汗淋漓，浑身哆嗦不止。他回头看了看米穗，后者虽脸色苍白，却没有避开他的目光。

"不承认吗？我们已经查到了周边三市所有医院的整容记录，你名列其中。"

"我没有要害米穗，就算我想杀唐诗伟，我也从来没有伤害米穗的心！你不可以这样污蔑我！"

杨涛住了嘴，扬起下巴。柯泽鹏转身，"扑通"一下跪在米穗跟前，伸手去拉米穗。米穗先躲了躲，而后顺从地伸出手腕，由着他将自己扯到跟前。

柯泽鹏将脸埋在米穗的手心里，轻轻地磨蹭着。他的声音近乎呢喃，温柔又充满了伤痛。

"米穗，我不会伤害你，你要相信我。"

"我信你，你对我很好，不管过去的我是怎么想的，现在的我爱你，我不在乎。"

米穗轻轻地开口。柯泽鹏长长地叹了口气，眼泪从他好看的眼睛里掉出来，砸在米穗的手心里。米穗哆嗦了下，像被烫着了似的。杨涛制止了小刘拔枪，眯起了眼睛。

柯泽鹏犹如梦吟般絮絮叨叨地说着：

"米穗，我怎么舍得伤害你？你被他推进水里，是我把你救了出来。车子被我做了手脚不假，但那是因为他想害你。他以为你变了心，是他推你进的护城河，他……"

"恶心。"

杨涛冷冷地开口，打断他的谎言。他从手机里调出当年的调查报告。

"你早就对车子动了手脚，远早于米穗落水。"

柯泽鹏的身子微微颤了下，没有动。杨涛正准备说什么的时候，忽然柯泽鹏一个转身起来，他的手里多出了一把枪。杨涛和小刘拔出枪和他对峙着，此时柯泽鹏的双目已干，丝毫不见眼泪的痕迹。

"你们走开。"

他的声音沉稳有力，毫无方才的可怜悲凄。杨涛的眼神更冷了，紧紧地盯着他。米穗的表情平静，看不出一丝变化。而柯泽鹏的神情已变得十分阴冷。

"我为了米穗，甚至连自己的身份都可以放弃。她要的是这张脸。你们看看，我的脸，比他当年好看得多！你们看看，我才是最爱她的人！现在她要的人是我！她看穿了一切，还是要我！你们给我滚！"

他的枪上了膛，随时可能射出子弹。米穗站在他身后，她极长的睫毛，在黑暗中扑闪着，颤抖着，如同精致的蝴蝶翅膀。

小刘忽然看见窗外有人影靠近。他们在一楼，落地窗外的情景一览无余。小刘惊呆了。

米穗忽然挑眉,她平静的脸上第一次出现了某种奇怪的神采。

她的嘴极快地张合了一下,她说:"他来了。"何泽鹏猛地转身,米穗以一种敏捷到不可思议的速度趴在地上。

就在那一瞬,三声枪响,玻璃应声而碎。小刘猛地低头,等他再抬眼时,只看见:柯泽鹏倒在地上抽搐着,嘴角渗出鲜血,双目圆瞪着;窗外的男人捂着胸口跪下;杨涛手里平平地端着枪,枪口尚有余烟飘起;米穗受了伤,浅色的衣裙上也有血迹。

小刘绕开杨涛,猛地扑到窗外。他一把拉下男子的面罩,男子虚弱地挣扎了一下,从嗓子里发出一阵难听的犹如锯木般的声响,他的腿上有一个枪洞,他的胸口也有。

他的脸和声带早已毁于那场大火,他就是唐诗伟。

杨涛找到的是唐诗伟的就医报告,而非柯泽鹏的。

米穗缓缓地起身,来到唐诗伟的身边。她居高临下地看着小刘和唐诗伟。她的赤裸双脚站在玻璃渣上,已被扎得鲜血淋漓,可她却像毫无知觉般这样看着地上的人。

唐诗伟已经无法动弹了,他睁着眼睛痛苦地瞅着米穗。米穗盯着他看了半响。小刘听到她冷冷地哼了声,接着就毫不留恋地转身往屋内走去,仿佛她出来看唐诗伟就是为了确认他已死亡了。唐诗伟猛地咳出鲜血,狠狠地哆嗦了下,就只见他的瞳孔放大,失了光彩。

小刘留下他的身体,跟着米穗回到屋内,又见她蹲在柯泽鹏的身旁。柯泽鹏已说不出话来,他颤着手指,哆嗦着双唇,可怜巴巴地看着米穗。

米穗歪歪头,冲他伸出手,但只悬在他手心的上方,柯泽鹏用尽最后一点力气伸手想拉,米穗却猛地缩回来,双眸中的湿意不再,全是冷漠。

"你死之后,房子、车子、钱,都是我的了。我要的可不是那张没用的脸,我要的是钱。当年的你,为什么就不能等等?我早知道你弄坏了刹车。但你为什么要淹死我?"

她的脸冰冷极了,映照在地上的玻璃渣上,发出一种令人心寒的光。小刘惊呆了,之前的某些恐怖的假想正逐渐化为现实。

"怎么,不是想给我吗?不是多年前就想给我吗?我都要了,除了你以外。"

她一字一顿、字正腔圆地说着。杨涛慢慢放下枪。米穗起身。柯泽鹏很震惊,接着也逐渐没了动静。

米穗顿了顿,忽然轻轻笑了笑。她转头看着杨涛。

"警官,既然一切都已结束,那么现在我该做什么才能开始领遗产?"

她早就知道——她早就知道!

尾

救护车来了,是米穗叫的。她早已知道会有这场火拼,她早已知道自己会受伤,她早已安排好了那两人的死亡命运。唐诗伟和柯泽鹏的尸体被运走去做鉴定。米穗坐在救护车里,挂着笑容盯着车外的小刘。救护车呼啸而去,仿佛一切皆大欢喜。

小刘拦住了杨涛。

"杨队,我有一件事不明白。"

杨涛抽了口烟,盯着他,示意他继续。

"你早就知道他们两个手上有枪?"

杨涛停了停,没说话。

"你也早就查到了,米穗每天都偷偷去和唐诗伟见面?甚至还知道是她撺掇两人各自买了枪,这样自相残杀,她好渔翁得利?"

杨涛依旧一言不发。小刘攥紧了拳头,他满腔满腹的怒火无处发泄。

"你——甚至已经弄明白了,那些奇怪的事其实都是米穗做的,为的就是让柯泽鹏害怕,让他听她的搬家?我一直觉得奇怪,为什么他们要搬到那么近的地方?为什么要住一楼这么危险的地方?甚至为什么要用落地的窗户?其实都是她要求的!那个超市就是她和唐诗伟见面的地方。她早想起来了一切,她只是在利用这两个可怜的家伙。柯泽鹏和唐诗伟都是她手里的玩偶,被她操纵着一步步走向死亡,而你——你什么都知道!"

在听完他的话半晌后,杨涛哂笑起来,将烟头踩灭于脚下后,抬头淡淡地说:

"你有证据吗?"

小刘猛地住了嘴。杨涛耸耸肩。

"你我都在场。是我让何泽鹏背对着窗户?是我让他非法买枪?是我给了唐诗伟枪,让他俩互相残杀吗?"

小刘咬紧了牙。杨涛笑了笑,凑近他。

"同样的,你能说,我当时对唐诗伟开枪是不必要的吗?你、不、能。"

杨涛说完,开了车门,坐了进去,他又摇下车窗,似笑非笑地看着小刘开口。

"小刘,司局长刚才已经打电话过来表扬我了。这起案子是情杀,我们处理得很漂亮。我是英雄,米穗是受害者,那两人咎由自取。你也算立功了，回家好好睡一觉，然后向我学习，以后记得抓住机会。"他顿了顿，"不出意外，年前你是看不到我了，以后局里再见，别忘了请我喝茶。"

说罢，他无视小刘愤怒瞪着他的双眸，清了清嗓，踩下了油门。

车在夜色中猛地飙了出去，像一道闪光倏忽而逝。

小刘追了两步，想说什么，又无法开口，胸口如撕裂一般疼痛着。他垂头丧气地回到柯泽鹏的屋子里，开了电视。

米穗上了直播，捂着脸在镜头前为柯泽鹏和唐诗伟声嘶力竭地哭泣。一个复仇未果的前男友，一个情深似海的暗恋者，一个幸存的百万遗产的受益者。

小刘缓缓地吐了口气，关上电视，点了烟。

城市静谧，今夜再无新事。